Norderney
EDITION TEMMEN REISEFÜHRER

1154
1252

Die Insel

Norderney

von Bernd F. Gruschwitz

mit 137 Abbildungen

Edition Temmen

Land und Leute
Unterwegs
Geschichte
Inselhäppchen
Von A bis Z

Land und Leute

Unterwegs

Geschichte

Inselhäppchen

Von A bis Z

Auf einen Blick

Tipps für Norderney

Land und Leute

Norderney – Seeheilbad und Sommerfrische

»Bright, pretty and strangely southern looking«
Erskine Childers in »The Riddle of the Sands« (um 1900)

Sich an einem Hochsommertag bei strahlendem Sonnenschein von Norddeich aus mit der Fähre Norderney zu nähern, gehört zu den schönsten ersten Eindrücken, die man von dieser Ferieninsel haben kann. Ehe die Fähre den Hafen mit dem modernen Fähranleger erreicht, fährt man an Teilen der Stadt Norderney mit ihren Promenaden, Cafés und Stränden vorbei und erfreut sich beispielsweise am in der Sonne leuchtenden weißen »Haus am Weststrand« oder der etwas abgesonderten »Villa Belvedere«. Im Hintergrund der Stadt erkennt man den klinkerroten Wasserturm und in der Ferne den schlanken Leuchtturm. Zudem saugt man sofort das belebende Flair von Meer, Salz, Licht, endloser Weite und frischer Brise ein, das sich mit jedem Tag auf der Insel noch verstärkt.

Norderney ist in erster Linie eine Ferien- und Freizeitinsel, die seit ihrer Erhebung zum Seeheilbad Touristen in großer Zahl anzieht, und das hat seinen guten Grund: Sie bietet jedem etwas. Wer Ruhe sucht, kann auf Touren zu Fuß, mit dem Rad oder hoch zu Ross durch die Dünentäler, auf Deichen oder über die Strände eine lebendige Stille einatmen, die höchstens vom Rauschen der Wellen, dem Flüstern des Strandhafers im Wind und durchaus auch hin und wieder von den schrillen Schreien der Wasservögel unterbrochen wird.

Geselliger wird es hingegen auf den Plätzen und Promenaden der Stadt, in den abwechslungsreich gestalteten Aus- und Vorstellungen der Kultureinrichtungen und selbstverständlich auch in den einladenden Restaurants, Bars, Kneipen und Cafés, von denen einige Kultstatus erreicht haben. Das besondere Inselambiente regt natürlich die Feierlaune der Besucher und Urlauber an. Dem will sich auch niemand verschließen und dennoch möchte das gastfreundliche Norderney, das auf seine historische Noblesse großen Wert legt, seine Natur respektiert und geschützt wissen.

Naturfreunde finden eine Insel vor, von der große Teile des Terrains unter besonderer Obhut der Gesellschaft stehen und auf der man, dank dieser Maßnahme, ein Gespür dafür entwickeln kann, wie sich eine nahezu unberührte Landschaft anfühlt und welchen Eindruck sie bei einem selbst hinterlässt.

Eine der außergewöhnlichsten Biosphären ist die Norderney umschließende Watt- und Wasserwelt, die als Bestandteil des niedersächsischen Nationalparks unter Naturschutz steht.

Neben seiner Bedeutung als Seeheilbad ist Norderney auch eine Insel der vielfältigen Vergnügungen. Ob Kabarett oder Comedy, Kurkonzert oder Kino, ob Kleinkunst oder großes Theater, Sport oder Spiel, ob abendliche Vernissage oder musikalischer Frühschoppen, ob Diskothek oder Straßenmusik, auf der Insel wird rund ums Jahr in mehr als 2.000 Veranstaltungen so gut wie jedem Geschmack entsprochen.

Norderney erleben

Neben unterschiedlichen Kurangeboten und der schönen Natur bietet die Insel eine Vielzahl anderer Möglichkeiten, um den Aufenthalt entspannt oder aufregend und in jedem Fall abwechslungsreich zu gestalten.

Aktuelle Informationen über Veranstaltungen und Freizeitangebote bieten das online abrufbare Magazin »ahoi! norderney« (www.ferien-ahoi.de), der »Norderneyer Morgen«, die »Norderneyer Badezeitung« und die »Norderneyer Zeitung«. Außerdem zieht es jedes Jahr einen Blogger nach Norderney, der auf www.inselbloggernorderney.com von seinen Erfahrungen berichtet, Tipps gibt und Lust macht auf das Inselleben!

Inselporträt

Die Stadt Norderney

Die Insel Norderney, die im ostfriesischen Niederdeutsch oder Platt »Nördernee« heißt, ist vom Westen her gesehen die dritte der sieben ostfriesischen

Das Haus am Weststrand bei bestem Wetter vom Meer aus betrachtet

Inseln und sie ist unter den heutigen zudem die jüngste, denn erst um 1550 wird sie als neue Insel aktenkundig, obwohl sie als Teil einer größeren Insel schon vorher existierte. Die einzige größere Ortschaft im Westen der Insel wurde 1948 zur **Stadt Norderney** erhoben und ist seit 1978 eine Einheitsgemeinde des **Landkreises Aurich**. Die zusammenhängende Siedlungsfläche im Westen nimmt etwa ein Fünftel der Insel ein und unterteilt sich in den Hauptort und seine beiden angrenzenden Stadtteile Nordhelm-Siedlung und Fischereihafen. Die restlichen vier Fünftel der Insel teilen sich ziemlich genau in zwei Hälften:

Der Inselosten

Die östliche Hälfte davon nimmt die besonders geschützte und weitgehend naturbelassene **Ruhezone (Zone I)** des Nationalparks Niedersächsisches Wattenmeer ein. Sie darf nur auf wenigen ausgewiesenen Wegen und nur zu Fuß durchquert werden. Während der Brutzeit sind einige Wege zusätzlich gesperrt. Hunde müssen hier wie auch in der Zwischenzone unbedingt immer angeleint bleiben. Der Nationalpark umschließt alle ostfriesischen Inseln, Watten und Seemarschen zwischen dem Dollart im Westen, an der Grenze zu den Niederlanden, und Cuxhaven im Osten. Er hat eine Fläche von 345.800 ha und wird von Wilhelmshaven aus verwaltet. Seit 2009 ist er als **UNESCO-Weltnaturerbe** anerkannt.

Die Zwischenzone

Die zwischen der Stadt und der Ruhezone liegenden zwei Fünftel der Insel sind mit wenigen Ausnahmen (diese gehören zur Zone I) Teil der ebenfalls unter Schutz stehenden **Zwischenzone (Zone II)**. In diesem Bereich sind landwirtschaftliche Flächen (meist Weidewirtschaft), Reiterhöfe, ausgewiesene Zelt- und Stellplätze für Wohnmobile, Ausflugslokale (wie an der Weißen

Grüße von der Insel aus der »neybox«

Düne), der Leuchtturm, der Flugplatz, ein kleiner Tierfriedhof und ein Golfplatz angesiedelt. Dazwischen erstrecken sich Dünenketten, Wiesen und Wäldchen, durchbrochen von Feuchtgebieten und kleinen Tümpeln.

Tourismus auf Norderney

Norderney liegt wie eine Art Schutzwall der Küste vorgelagert am südlichen Rand der Nordsee. Je nach Tide ist die Insel durch das Watt an das Festland angebunden, sodass man zu bestimmten Tageszeiten Norderney sogar zu Fuß erreichen kann. Dennoch ist das Meer und sein Wirken allgegenwärtig. Jedoch gibt es entgegen der Erwartung keine Fischflotte oder eine Fischverarbeitungsindustrie. Auch Berufsfischer trifft man keine. Auf der Insel gibt es auch, egal ob mit oder ohne Fisch, keine veritable Industrie, wenn man von der Brauerei, der Schinkenherstellung und kleineren Handwerksbetrieben absieht.

Die Insel hat im Grunde nur ein einziges ökonomisches Standbein: den **Tourismus**. Was vor über 200 Jahren mit der Gründung des Seeheilbads begann, hat in dieser Zeit seither alles zugunsten einer vielgestaltigen Dienstleistungsgesellschaft für den Tourismus angepasst. Damit war ein für einen Industriestaat besonderes gesellschaftliches Unikum geboren.

Unter den ostfriesischen Inseln führt Norderney die Statistik der Gästebuchungen und Übernachtungen an. Ein gutes Drittel aller Buchungen entfällt allein auf diese Insel. Es stehen rund **30.000 Gästebetten** bereit, die Jugendherbergen und Campingplätze nicht mitgerechnet. Die Zahl von mehr als einer halben Million Besuchern im Jahr wurde 2014 das erste Mal überschritten. 2017 sind rund 50.000 Gäste zusätzlich hinzugekommen. Bei mittlerweile fast **3,7 Mio. Übernachtungen** beträgt die durchschnittliche Verweildauer der Besucher eine knappe Woche. Kein anderer Ort Niedersachsens hat eine höhere Übernachtungszahl. Hinzu kommen jährlich **240.000 Tagesgäste**.

Dieses Verhältnis von wenigen Gastgebern und ihren Angestellten auf der einen und der hohen Zahl von Gästen auf der anderen Seite ist praktisch die einzige bzw. vorherrschende ökonomische Beziehung auf der Insel. Dies hat dazu geführt, die Beherbergungssaison nicht nur auf den Sommer zu beschränken. Nur teilweise ausgelastete Hotels, Pensionen und Fremdenzimmer sind wirtschaftlich gesehen nicht profitabel. Mittlerweile ist die Insel längst und weitgehend **das ganze Jahr über** für den Tourismus geöffnet, auch wenn es dabei betriebsame Saisonspitzen und

Norderney in Zahlen

In Ostwest-Richtung ist Norderney gut **14 km lang**, in Nordsüd-Richtung zwischen **1,4 und 2,5 km breit**. Der Inselsockel ragt etwa 1,5 m aus dem Meer heraus, die Höhe der Inselfläche über Normalhöhennull (NHN) beträgt meist zwischen 3 und 5 m. Die höchste natürliche Erhebung ist die Walter-Großmann-Düne in der Nähe der Weißen Düne mit **24,4 m Höhe** über NHN. Die Gesamtfläche der Insel beträgt **26,3 km²**. Norderney ist damit nach Borkum (knapp 31 km²) die zweitgrößte Insel Ostfrieslands.

Dünen und Strand nehmen 68,5 % der Oberfläche ein, Parks, Waldungen und Gärten 16,5 % und die bebauten Flächen, Straßen und Wege knapp 15 %. Zum Schutz der Insel gibt es eigens Schutzdünen, die sich über eine Länge von 12,1 km hinziehen, außerdem ein 4,7 km langes Deckwerk mit 32 Buhnen im Westen und Nordwesten, dazu Deiche mit einer Gesamtlänge von 10 km.

Norderney hat mit der Entfernung von 3 km den kürzesten Abstand aller ostfriesischen Inseln zum Festland. Darüber hinaus kann die Fahrrinne für die Fähre zwischen Norddeich und Norderney tidenunabhängig benutzt werden, was die Insel jederzeit (außer vielleicht bei besonders heftigen Sturmfluten) zugänglich macht.

Auf der Insel haben rund **6.230 Bewohner** ihren Hauptwohnsitz. Im Nebenwohnsitz sind außerdem weitere 2420 Personen gemeldet. Etwa 4.600 Personen sind wahlberechtigt. Die höchste Einwohnerzahl je an Personen mit Hauptwohnsitz auf der Insel gab es zwischen 1992 und 1994 mit rund 6500 Einwohnern. Im Schnitt leben etwa 230 Einwohner auf dem Quadratkilometer.

In der Regel verlassen von den gemeldeten Personen in den Wintermonaten zwischen 50 und 250 Menschen die Insel, um erst zu Beginn der Haupt- oder Sommersaison wieder zurückzukehren. Keine andere ostfriesische Insel hat mehr Bewohner.

eher geruhsame Dellen gibt, die für Reparaturen, Verschönerungen und Erweiterungen genutzt werden.

Kurgast auf Norderney

Wer sich und seiner Gesundheit Gutes tun will oder muss, kommt in ein Seeheilbad, das sich von Anbeginn an zu einem Zentrum für die Thalassotherapie entwickelt hat, was in Deutschland in dieser Konzentration einzigartig ist. Ob sich ein gestresster Mensch von seiner Arbeit oder seinem Alltag schlicht einmal richtig erholen muss oder ob eine Person an einer Krankheit leidet, die intensive medizinische und pflegerische Betreuung erfordert – Norderney und seine klinischen und therapeutischen Einrichtungen sind auf sie alle, die in irgendeiner Form »mühselig und beladen« sind, vorbereitet und eingestellt. Vom Erholungsheim bis zum Krankenhaus, von der Kindertherapie bis zur Altenpflege, von der Rehaklinik bis zur Mutter-Kind-, Vater-Kind- oder Eltern-Kind-Betreuung – für jede Befindlichkeit gibt es auf der Insel eine zuständige kompetente Hilfsinstanz. Und selbst, wenn man keine dieser Einrichtungen in Anspruch nimmt oder nehmen muss, sorgt bereits das besondere Ambiente der Insel mit dem sprichwörtlichen **»Reizklima«** für einen neuen Elan und einen spürbaren persönlichen Aufschwung.

Die salzhaltige Seeluft, das saubere Meerwasser und die durch die Weite des Horizonts intensiv nutzbare UV-Strahlung sind gesundheitsfördernde Faktoren, die den Körper und die Psyche stärken. Die unmittelbare Meernähe sorgt für konstante Luftfeuchtigkeit. Bedingt durch die Auswirkungen des Golfstroms sowie die wärmespeichernden Eigenschaften des Wassers verspäten sich Frühling und Herbst um etwa drei Wochen. Deshalb kommen extreme

Der Leuchtturm bei Tag

Blick über die Insel auf den Januskopf

Temperaturschwankungen unter diesen Voraussetzungen kaum zustande. Die Klimaveränderung registriert der Inselgast sehr schnell. Die **Aktivierung des Stoffwechsels** äußert sich während der ersten Aufenthaltstage meist durch eine leichte Müdigkeit des Körpers. Bald jedoch bestätigt eine verbesserte Konstitution den einsetzenden Erholungseffekt.

Das reichhaltige Norderneyer Kurangebot lässt sich für alle angebotenen Heilanzeigen ganzjährig Erfolg versprechend wahrnehmen. Für spezielle Beschwerden versprechen jedoch bestimmte Jahreszeiten gezielt Linderung. Das **Frühjahr** ist mit gleichmäßiger und intensiver Sonnenbestrahlung besonders für die Bekämpfung von Erkältungen und chronischen Atemwegserkrankungen geeignet. Im **Sommer** therapiert man optimal Haut- und Atemwegsbeschwerden. Zur Behandlung von Herz- und Kreislaufbeschwerden eignet sich der **Herbst** hervorragend, der **Winter** bietet ideale Bedingungen zum Auskurieren fast aller Kinderkrankheiten. Mehr Informationen sind unter den Stichworten »Krankenhäuser« und »Rehabilitationskliniken« zu finden.

Nationalpark Niedersächsisches Wattenmeer

Gewisse Landschaftsgebiete des niedersächsischen Wattenmeers standen schon etwas früher unter **Naturschutz**. Unter dem niedersächsischen Ministerpräsidenten Ernst Albrecht wurde 1986 dieser eher uneinheitliche Flickenteppich zu einem umfassenden Nationalpark, namens »Niedersächsisches Wattenmeer«, mit einer Fläche von etwa 244.000 ha zusammengefügt und in der Folge noch zweimal erweitert: 2001 auf rund 287.000 ha und im März 2010 auf **345.800 ha**. Damit ist er unter den

18 deutschen Nationalparks nach dem des »Schleswig-Holsteinischen Wattenmeers« (441.500 ha) der zweitgrößte Deutschlands. 1992 wurde er in den Rang eines UNESCO-Biosphären-Reservats erhoben. Seit 2009 sind das schleswig-holsteinische, das niederländische und das niedersächsische Wattenmeer zudem als UNESCO-Weltnaturerbe geschützt. 2011 kamen das hamburgische und 2014 auch das dänische Wattenmeer hinzu.

Die Nationalparkfläche von 345.800 ha erstreckt sich auf 188.600 ha, die vom Meer eingenommen werden, die also immer, auch bei Ebbe, unter Wasser stehen. 138.100 ha sind Watt und 19.100 ha bestehen aus Küstenbereich und Inseln. In Prozent ausgedrückt sind rund 54,5 % Wasserfläche, rund 40 % Watt und 5,5 % Festland und Inseln.

Im Nationalpark gibt es drei unterschiedliche Schutzzonen: Der am stärksten geschützte Bereich ist die Zone I oder Ruhezone. Sie umfasst circa 68 % des Areals des Nationalparks. In dieser Zone darf man sich auf genau bezeichneten Wegen zu Fuß bewegen und muss sein Verhalten so gestalten, dass die Abläufe der Natur nicht gestört werden. Letzteres gilt auch für die Fortbewegung auf den unter Schutz stehenden Wasserflächen.

In der sogenannten Zwischenzone oder Zone II, die etwa 31 % des Are-

Das Wattenmeer ist ein Rast- und Futterplatz für viele Vögel, Lebensraum der Plattmuscheln und Strandkrabben

Watt ist das denn?

Auf dem Wattareal tummelt sich das Leben: In jedem Quadratmeter (also auf 10.000 Quadratzentimetern) haben Wissenschaftler und Wissenschaftlerinnen 10.000 Pfeffermuscheln, 40.000 Schlickkrebse und 270.000 Wattschnecken nachgezählt. Das Watt strotzt also nur so vor Leben und Lebewesen. Diese Zahlen können einem schon mal die Sprache verschlagen und erklären, wieso sich so viele Vögel hier herumtreiben.

Der Wattwurm

Der Wattwurm (lat.: Arenicola marina) des niedersächsischen Wattenmeeres ist zunächst häufig nicht selbst zu sehen, sondern auffällig sind in erster Linie seine zahlreichen spaghettihaften Hinterlassenschaften auf dem Wattboden, die auch bei Überflutung sichtbar bleiben. Der **20 bis 40 cm lange Wattwurm** ist ein Ringelwurm, der entfernt mit dem Regenwurm und dem Blutegel verwandt ist. Er lebt in selbst gegrabenen bis etwa 30 cm tiefen, U-förmigen Röhren in der obersten Wattschicht. Durch eine Art Wedelbewegung mit seinem Körper sorgt er dafür, dass durch seine gegrabene Röhre ständig Wasser läuft.

Im Laufe eines Jahres verschlingt der am Kopfende rotbraune Wurm ungefähr **25 kg Bodenmasse**, kaut sie durch und filtert sie gewissermaßen. So entnimmt er dem Sand und dem Schlick, was er zur eigenen Ernährung braucht. Dabei befördert er **Nährstoffe** an die Oberfläche, sondert den mit Sauerstoff versetzten Sand und Schlick wieder ab und sorgt auf diese Weise, ähnlich dem Regenwurm im Gartenboden, für die **Aufbereitung des Watts** als Lebensgrundlage auch für andere Lebewesen.

Auf einem Quadratmeter verrichten bis zu 40 dieser Bodenverbesserer ihre Arbeit. Jeder von ihnen ist selbst auch Nahrung für Plattfische und diejenigen Vögel, die mit einem langen, spitzen Schnabel ausgestattet sind, wie Austernfischer und Strandläufer, sodass sie ihn oder Teile seines Hinterteils aus seiner Röhre ziehen können. Ähnlich wie bei Eidechsen, die ihren Schwanz abwerfen, wenn ein Beutejäger sie zu fassen bekommt, und dennoch weiterleben können, bedeutet auch für den Wattwurm die Existenz mit einem reduzierten Hinterteil nicht das Lebensende. Er wird bis zu **fünf Jahre** alt.

Die Fortpflanzung geschieht über Spermien, die der männliche Wattwurm ins Wasser abgibt. Sie werden in die Röhren der Weibchen gespült, wo diese ihre Eier abgelegt haben, und befruchten das Gelege. Die sich daraus entwickelnden Larven kriechen an die Oberfläche und werden durch das Wasser im Watt verteilt. Sie verharren über Winter mehrere Monate als gallertartige Masse knapp unter oder seltener auf der Wattbodenoberfläche, bevor sie sich wie ihre Vorfahren tiefer eingraben. Nach etwa **zwei Jahren** sind sie selbst geschlechtsreif.

Bei dieser Lebensweise des Wattwurms leuchtet ein, dass jede gravierende Verunreinigung der Nordsee und die möglicherweise damit einhergehende Vergiftung des Wattbodens zu weitreichenden Schädigungen führt. Ein Lebewesen, das den Wattboden in sich aufnimmt, um sich daraus zu ernähren, ist logischerweise besonders gefährdet. Auch aus diesem Grund war und ist der Schutz des Watts eine wichtige Maßnahme zum Schutz des meerischen Ökosystems.

als umfasst, können in einem deutlich umrissenen Rahmen sogar bestimmte wirtschaftliche Tätigkeiten und Unternehmungen zugelassen werden. Die kleinste Zone ist die **Erholungszone (Zone III)**. Sie macht gerade einmal ein knappes halbes Prozent der Nationalparkfläche aus.

Hier sind menschliche Betätigungen, wie man sie sich im Rahmen eines auf Rücksichtnahme basierenden Kurbadbetriebs vorstellt, ausdrücklich erlaubt. Im Nationalpark »Niedersächsisches Wattenmeer« geht es in erster Linie darum, die besondere Beschaffenheit des Wattenmeeres, sein einmaliges Erscheinungsbild und die vorherrschenden natürlichen Abläufe zu schützen. Dazu gehört auch, die Vielfalt von Flora und Fauna zu bewahren. Besonders zur

Wie ist das Watt entstanden?

Aus der Entstehung des Watts leitet sich auch die besondere Beschaffenheit dieser Geo- und Biosphäre ab. Für die Region, zu der Norderney gehört, spielten zunächst Gesteinsriffe nordwestlich von Texel und Borkum eine wichtige Rolle. Diese Riffe hielten mit der Härte ihres Gesteins der erodierenden Wucht und Macht des Meeres weitgehend und dauerhaft stand, so dass sich unter ihrem Schutz im Strömungsschatten der Wassermassen Sandbänke bilden konnten, die sich durch ständiges Anlanden von weiterem Sandgut zu Inseln fortentwickelten. Diese Inseln, wie gerade Norderney mit seiner beträchtlichen, länglichen Ausdehnung parallel zur Küste eine ist, sind nicht nur Bollwerke und Wellenbrecher, die das dahinter liegende Festland vor der Nordsee schützen. Sie verhindern auch, dass beim täglich zweimal bei Ebbe stattfindenden Ablaufen des Wassers alle die vorher angeschwemmten Nähr- und Sinkstoffe wieder weggespült werden, weil sie auch in der Gegenrichtung wie ein Bollwerk und somit als Entschleuniger der ablandigen Wasserbewegung fungieren. Man spricht beim Watt zwischen der ostfriesischen Küste und Norderney auch von einem Rückseitenwatt. Im Watt sammelt sich ein nährstoffreicher Boden an, der zusätzlich von flach und strömungsarm ins Meer fließenden Flüssen, wie Ems und Weser, mit Sedimenten (Ablagerungen) aus dem Landesinneren versorgt wird. Im Laufe der Jahrtausende, aber spätestens seit der Abtrennung Britanniens vom europäischen Festland vor rund 7500 Jahren, hat sich nicht nur das Watt gebildet und weiterentwickelt, sondern es hat auch eine eigene Tier- und Pflanzenwelt mit mehr als 10.000 Arten hervorgebracht, die sich mit dem ständigen Wechsel von Hoch- und Niedrigwasser bestens eingerichtet haben. Besonders bekannt sind die Kieselalgen von kaum sichtbarer Größe, der Wattwurm mit seinen charakteristischen Spuren im Schlick und die Muschelbänke. Darüber hinaus dienen das Watt und das Wattenmeer vielen Fischen als Nahrungsbasis und Laichplatz und Millionen von Vögeln als Raststätte und Futterquelle. Zweimal im Jahr, wenn es als Zwischenstation der Zugvögel dient, die sich ein Kraft- und Energiepolster für ihren Flug in den Süden (und auch wieder für den Rückflug in den Norden) anfressen müssen, beherbergt das Watt die größte Vogelpopulation Europas.

Brutzeit der Vögel sind diese besonders gefährdet und müssen geschützt werden. Seit 2015 kümmern sich ausgewiesene **Ranger** um den Schutz des Nationalparks. Durch Zählungen beispielsweise stellen sie fest, ob der Bestand einer Tier- oder Pflanzenart in der **Schutzzone** abnimmt. Durch Beobachtung und wissenschaftliche Untersuchungen versuchen sie zu erkunden, woran das liegt und wie man dem begegnen kann. Weitere Aufgaben sind die Aufklärung der Allgemeinheit, damit die Besucher des Parks wissen, wie sie sich zu verhalten haben und womöglich ein eigenständiges Interesse entwickeln, damit die Bemühungen um eine heile Umwelt nicht umsonst sind. Manchmal sind es auch scheinbar ganz banale Dinge, die beachtet werden müssen. Beispielsweise können Drohnen oder Drachen, die steigen gelassen werden, brütende Vögel aus ihren Nestern verschrecken.

Manchmal freut man sich im Nationalpark auch über die kleinen unerwarteten Funde und Erfolge. So wurde 2020 in einem der eher seltenen Brackwassertümpel auf Norderney die Strandsalde (Ruppia maritima), die ein grasartiges Aussehen hat und für alle Zeiten verschwunden schien, wiederentdeckt. Ebenso der Echte Meerkohl (Crambe maritima), der seit 170 Jahren nicht mehr gesehen wurde. Besorgniserregend hingegen bleibt weiterhin, wie es um die Kornweihe, der Symbolvogelart Norderneys, bestellt ist. Sie gehört zu den gefährdetsten Brutvögeln in Deutschland und kommt fast nur noch im und am Niedersächsischen Wattenmeer vor.

Wattenmeer

Das Wattenmeer im südwestlichen, südlichen und südöstlichen Küstenbereich der Nordsee zwischen den Niederlanden, Deutschland und Dänemark ist mit 9.000 bis 13.000 km² das größte zusammenhängende Wattenmeer der Welt. Unter einem Wattenmeer versteht man ein Gewässer, das aufgrund der Gezeiten zweimal innerhalb von 24 Stunden einen meist flachen Küstenstreifen überflutet und ihn ebenso zweimal am Tag, also nach jeweils gut sechs Stunden, wieder trocken fallen lässt. Den in dieser Regelmäßigkeit immer wieder gefluteten und entwässerten Meeresboden nennt man das Watt.

Die Benennung kommt aus dem Altfriesischen und leitet sich von einem Wort ab, das soviel wie »durch waten passierbar« heißt. Das Wasser des Wattenmeers läuft bei Ebbe jedoch nicht vollständig ab, sodass bei einer Wattwanderung nicht nur größere und kleinere wasserführende Rinnen, sogenannte **Priele**, durchquert werden müssen, sondern auch der durchtränkte und feuchte Wattboden, der je nach seiner stofflichen Zusammensetzung, die Füße der Watenden mehr oder minder stark einsinken lässt.

Zonen des Watts

Man unterteilt das Watt in drei Zonen: Von der **sublitoralen Zone** spricht man, wenn man den flachen Küstenbereich meint, der auch bei Niedrigwasser bedeckt bleibt. Dazu zählen zum Beispiel auch die Seegatts zwischen den Inseln, wie das Spaniergatt zwischen Juist und Norderney und die Wichter Ee zwischen Norderney und Baltrum.

Mit der zweiten, der **eulitoralen Zone**, meint man das eigentliche Watt, das dem beschriebenen täglichen Wechsel von Überflutung und Trockenfallen unterliegt und das man sich in der Regel vorstellt, wenn vom Watt die Rede ist.

Die dritte Zone, die man die **supralitorale Zone** nennt, umfasst den Bereich des Watts, der nicht täglich, aber hin und wieder überflutet wird, etwa zu Zeiten, wenn sich Springtiden oder Sturmfluten über das Watt ergießen. Charakteristisch für diese Zone sind **Salzwiesen**, deren Pflanzengemeinschaften sich aus salztoleranten Gewächsen und einer eigenen, diesem Ambiente angepassten Fauna zusammensetzen.

Arten des Watts

Wenn man bei einer Wattwanderung unter kundiger Führung das trocken gefallene Watt betritt oder bis zum Festland bzw. in der anderen Richtung bis zur Insel hin durchquert, findet man keine überall einheitliche Bodenqualität vor. Je nachdem welche Strömungsverhältnisse bei auf- und ablaufendem Wasser herrschen, lagert sich unterschiedliches Material in unterschiedlicher Menge und Größe in den verschiedenen Bereichen des Watts ab.

In flachen Buchten, vor **Salzwiesen** oder vor Deichen an der Südseite der Insel, wo während der Flut das Wasser nur wenig strömt, und man deshalb praktisch von **Stillwassergebieten** sprechen kann, sinken kleinste und feinste Sedimentpartikel (Tone und Schluffe oder Silt) auf den Grund und lagern sich ab. Zusammen mit den vorfindlichen Bodenorganismen und dem abgestorbenen Plankton bilden sie den matschigen **Wattschlick** des Schlickwatts. Weil der Schlick von vielen feinen Kapillaren durchzogen ist, verbleibt in ihm, auch nach dem Ablaufen des Oberflächenwassers, ein hoher Wassergehalt von bis zu 70 %. Dadurch können viele Wattbewohner die Ebbe bis zur nächsten Flut gut überstehen. Sie graben sich in den wasserhaltigen Schlick ein und bleiben so in ihrem Element. Während der Ebbe, vor allem im Sommer, vermehren sich in den tieferen Schlickschichten massenhaft **Bakterien**, die den im Boden gebundenen Sauerstoff verbrauchen. Die dabei entstehenden Eisensulfidverbindungen färben den Schlick schwarzgrau und erzeugen einen üblen Geruch, der an faule Eier erinnert oder an den Schwefelwasserstoff, den man aus dem Chemieunterricht kennt.

Im Sommer glänzt die glatte Oberfläche des Schlickwatts in einem bräunlichen Farbton, weil Millionen von **Kieselalgen** es mit einer dünnen schleimigen Schicht überziehen. Diese mit bloßem Auge kaum sichtbaren, vielgestaltigen Gebilde sind ein Hauptnahrungsmittel für viele Wattbewohner und durch ihre Massenhaftigkeit auch wichtige Produzenten von Sauerstoff für die Atmosphäre. Andere Wattwesen, wie der Wattwurm, saugen hingegen den puren Schlick einfach in sich hinein, entziehen ihm während ihres Verdauungsprozesses die benötigten organischen und mineralischen Nährstoffe und scheiden, was sie nicht umsetzen können, wieder aus. Für den Wattwanderer bildet neben den Prielen das **Schlickwatt** vermutlich die größte Herausforderung, weil man gerade bei ihm, je nach Körpergröße und Gewicht, knöchel- und knietief einsinken kann.

Dort, wo während der Flut das Wasser stärker strömt, sodass sich nur der grobkörnige und schwerere Sand am Grund absetzt, handelt es sich um das **Sandwatt**. Es umfasst die größte Fläche des Watts. Auf seiner leicht gerippelten Oberfläche lässt es sich gut wandern, vergleichbar mit dem Gehen auf den noch feuchten, gut gepackten meerseitigen und wassernahen Strandstreifen von Norderney. Sein Wassergehalt ist mit bis zu 25 % relativ gering. Der Sandanteil der Bodenmasse ist mit

Wanderer im Watt

Die ganz eigene Geometrie von Wellen, Watt und Sandbänken

über 90 % beträchtlich, sodass das Wasser sich nicht so gut hält und leicht versickern kann. Im Boden befinden sich deshalb, anders als im Schlickwatt, nur relativ wenige Organismen.

Zwischen den beiden genannten Watt(-boden-)arten gibt es noch das **Mischwatt**, das sich aus etwas feiner vom Meer zermahlenen Sandkörnern und gröberen Sedimentpartikeln zusammensetzt. Sein Wassergehalt beträgt zwischen 25 und 50 %. Entsprechend höher ist der Anteil an Bodenorganismen, verglichen mit dem im kargeren Sandwatt.

Lesetipp

Wer mehr über die Gezeiten der Nordsee erfahren möchte, der kann auf Richard Potts Monografie »Die Nordsee« zurückgreifen, in der die besonderen Gezeitenströme erläutert werden.

Ebbe und Flut

Unter den **Gezeiten** des Meeres versteht man im Allgemeinen den täglichen Wechsel von Ebbe und Flut. Alle 12 Stunden, 25 Minuten und 14 Sekunden endet ein Zyklus von auflaufendem und ablaufendem Wasser und einer neuer beginnt.

Grundsätzlich geht es dabei um das Wirken eines physikalischen Gesetzes, wonach Körper aufgrund ihrer Masse und der ihr innewohnenden Gravitationskraft (Schwerkraft) andere Körper anziehen.

In diesem Fall sorgt zunächst einmal die Schwerkraft der Erde dafür, dass sich die Ozeane unseres Planeten nicht einfach ins Weltall ergießen, sondern in ihrer beweglichen Form auf der Erde bleiben (nach demselben Prinzip bleibt der Erde auch ihre Lufthülle erhalten und nach oben geworfene Steine kehren wieder zu ihr zurück.)

Der Erde am nächsten bewegt sich der Mond, der sie aufgrund der Erdanziehung und der Anziehungskraft der

Sonne in einer nicht ganz reinen Ellipse umkreist. Die Anziehungskraft des Mondes ist nicht stark genug, um der Erde loses Material einfach zu entreißen. Aber sie ist stark genug, um die Wassermassen der Ozeane in seine Richtung zu ziehen, sodass der Mond im Laufe seiner Umrundung der Erde dafür sorgt, dass der Wasserspiegel der Weltmeere auf der ihm zugewandten Seite am höchsten ist, sich also dort ein **Flutberg** erhebt, der der Bewegung des Mondes folgt.

Die Bezeichnung Flutberg legt jedoch eine falsche Vorstellung nahe, denn dieser ist auf dem offenen Meer nur etwa bis zu zwei Meter hoch, also ein eher flacher, aber in seiner Fläche riesiger Wasserberg.

Mond und Erde bilden ein **Rotationssystem**, in dem neben der Gravitationskraft des Mondes mit der gerade beschriebenen Wirkung auf die Ozeane auch die Zentrifugalkraft (Fliehkraft) der Erde eine Rolle spielt. Sie sorgt dafür, dass auf der mondabgewandten Seite der Erde die Wassermassen quasi an den Rand geschleudert werden und sich damit ein zweiter wandernder Flutberg bildet.

Die Wassermassen der Meere werden, vereinfacht ausgedrückt, nach zwei Seiten in Richtung der beiden Flutberge bewegt, sodass zwischen den umlaufenden Flutbergen zwei – ebenfalls umlaufende – Meeresdellen entstehen, die man als **Ebbetäler** bezeichnet. Während auf dem offenen Meer diese Anhebungen und Senkungen von den Auswirkungen von Meeresströmungen, Wind- und Wettereinflüssen überlagert werden und dort kaum bemerkbar sind, treten dort, wo die Wassermassen auf Küsten oder auf Inseln treffen, die Höhenunterschiede bei Ebbe und Flut deutlich zutage.

Auch, weil das auflaufende Wasser durch das wie eine Barriere wirkende Land zusätzlich aufgestaut wird. Umgekehrt fallen bei Ebbe an der flachen Nordseeküste Küstenstreifen mit einer Breite von häufig mehreren Kilometern trocken.

Wilhelm von Humboldt

»So einfach die Bewegung des Meeres scheint, so ewig anziehend bleibt es, ihr zuzusehen. Man kann es nicht mit Worten ausdrücken, was einen gerade daran fesselt, aber die Empfindung ist darum nicht weniger wahr und dauernd.«

Briefe an eine Freundin (Norderney, den 26.7.1831)

Die Differenz zwischen dem Niedrigwasser und dem Hochwasser heißt Tidenhub. In Norddeich an der nächsten Küste des Festlandes beträgt der mittlere Tidenhub etwa 2,50 m. Durch Wind- oder gar Sturmeinwirkung kann das Hochwasser jedoch erheblich höher ausfallen bzw. bei ablandigem Wind entsprechend niedriger.

Das Gestirn mit der weitaus größten Masse in unserem Planetensystem ist die Sonne. Auch sie nimmt durch ihre enorme Gravitationskraft Einfluss auf die Bewegung der irdischen Wassermassen. Wenn sie eine Position durchläuft, bei der sie sich mit der Erde und dem Mond auf einer Linie befindet, also bei Voll- und Neumond, verstärkt das den jeweiligen Flutberg und man spricht von einer Springflut, Springtide oder einem Springhochwasser.

Wenn jedoch Sonne, Erde und Mond, also bei Halbmond, in einem rechten Winkel zueinanderstehen, heben sich die Gravitationskräfte teilweise gegenseitig auf, sodass es zu einer verminderten Flut führt. Sie nennt man Nippflut oder Nipptide. Von Springtide zu Springtide bzw. von Nippflut zu Nippflut dauert es also jeweils rund 14 Tage.

Zu Katastrophen auf den Inseln oder am Festland ist es in der Vergangenheit

Spuren im Dünensand

Der Wind streicht über die Dünen. Er ergreift die Strandhaferblätter mit ihren langen, schlanken Spitzen, als wären sie seine Griffel oder Skizierstifte und zeichnet, ja graviert deren Geometrie aus unvollendeten Radien, Ellipsen und Bögen, einmal enger, einmal weiter gezogen, je nach der Stärke seines Wehens und der Länge der ihm sich bietenden Blattspitzen, in das schräg aufgeklappte Reißbrett des Abhangs aus lockerem Dünensand. Manchmal überlappen sich die zarten Zeichnungen und grobkörnigen Gravuren, weil die Spitzen der Nachbarpflanzen vom Wind mit eingemischt werden, so als wolle die Natur wie eine Künstlerin des Abstrakten ihre Möglichkeiten des Ausdrucks variieren und potenzieren. Diese stille Poesie einer natürlichen Geometrie wird mit jedem weiteren Lufthauch tagtäglich und nachtnächtlich fortgeschrieben, ab und an verwischt und doch wieder aufgenommen, und das solange der Strandhafer im Sand wurzelt und der Wind über die weißen Dünen streicht und durch die wandelbaren Dünentäler fegt. So hinterlässt dieses Zusammenwirken von Wind, Sand und Pflanzen vielgestaltige und gleichzeitig unauffällige Hieroglyphen für feinsinnige Liebhaber und Betrachter einer spielerischen Natur.

Weiße Dünen mit Strandhaferbewuchs

immer dann gekommen, wenn zur normalen Flut oder Springflut ein auflandiger Sturm die Wassermassen aufgepeitscht, über die Deiche oder Schutzdünen gedrückt, sie dabei zerstört und das Hinterland dem Wüten der Natur preisgegeben hat.

Erhebungen aus Sand – die Dünen

Vordünen

An allen flachen Küsten der Welt, an denen der Boden aus vom Meer zersetztem und klein gemahlenem Gestein, zertrümmerten und fein zerriebenen Gehäusen von Muscheln und anderem Meeresgetier besteht, entwickeln sich Dünen und Dünenketten.

Das Meer lässt quasi den Sand entstehen und der Wind verweht ihn, sobald er getrocknet und nicht mehr durch Feuchtigkeit gebunden ist. Zur Entstehung einer Düne bedarf es eines Hindernisses am Boden, etwa einer Muschelschale oder eines Stückes Treibholz, in dessen Windschatten sich Sand anhäuft. Dieses Häufchen wird zu einem etwas größeren Hindernis, was wiederum zu weiterer Anhäufung führt. Diese muss dem unmittelbaren Wirken von Ebbe und Flut entzogen bleiben, damit es nicht gleich wieder weggeschwemmt wird.

Der getrocknete Sand dieses Sandhäufchens hat natürlich noch Spuren von Salz an sich. Es gibt nun Pflanzen, die salzigen Untergrund nicht nur vertragen, sondern auf ihn eingestellt sind, beispielsweise die salztolerante Strand- oder Binsenquecke. Es genügt ein angewehtes Wurzelteil dieses Pioniergrases, das sich im Sandhaufen verhakt, Wurzeln in den Boden treibt und einen robusten Wurzelstock mit weiten Verzweigungen ausbildet, um dem Haufen eine erhöhte Stabilität zu geben.

Im Windschatten dieser widerstandsfähigen Pflanze und ihrer weiteren Sprosse wächst das, was man eine

Vor- oder Primärdüne nennt, zu einer immer größeren Dimension heran.

Andere Pflanzen, die ähnlich fungieren, sind das Kali-Salzkraut (gilt in Niedersachsen als gefährdet), der Europäische Meersenf (essbar und reich an Vitamin C) und die Salzmiere (essbar und reich an Vitamin A und C). Von den genannten Pflanzen ist nur die Strandquecke, die zu den Süßgräsern zählt, mehrjährig.

Weiße Dünen

Eine der markantesten Dünen der Insel heißt die Weiße Düne. Diese Düne war also noch verhältnismäßig jung, als sie ihren Namen bekam. Der Sand der Düne war weiß, weil er nicht vulkanischen Ursprungs und noch ziemlich unvermischt war, denn auf der Düne hatten sich nur wenige Pflanzen angesiedelt. Eine weiße Düne, auch Haldendüne genannt, hat nur 10 bis 30 % Bewuchs und gilt in der Entwicklung als Düne im zweiten Stadium oder als Sekundärdüne.

Eine der kennzeichnenden Pflanzen der weißen Düne ist der Strandhafer. Er fasst auf der Düne Fuß, sobald der Regen das Salz des Sandes ausgewaschen hat. Er hat ähnlich der Strand- und Binsenquecke, die auch Strandweizen genannt wird, ein weit verzweigtes Wurzelwerk und verträgt es sogar, vom Wind mit Sand zugeweht zu werden. Er wächst immer wieder aus dem Sand heraus, ohne dass seine Wurzeln in der Tiefe der Düne ihre Verankerung verlieren. Auf diese Weise kann eine Düne 20 Meter hoch werden.

Weitere auf einer weißen Düne siedelnde Pflanzen sind der Strandroggen und die Stranddistel, die ebenfalls mit dem nährstoffarmen Boden zurechtkommen.

Graue Dünen

Die weiteren Stadien werden ebenfalls mit Farben gekennzeichnet: Als nächste Stufe folgt die graue Düne. Die Farben weisen auf eine im Laufe der Zeit statt-

Die grauen und braunen Dünen bieten Pflanzen einen nährstoffreichen Boden

Dünen und Leuchtturm im Licht der untergehenden Sonne

findende biologisch-geologische Veränderung hin. Diese Veränderung hängt unmittelbar mit dem fortschreitenden Bewuchs der Düne zusammen.

Anfangs, bei der weißen Düne, bleibt er spärlich, denn nur wenige Pflanzenarten kommen überhaupt auf einem solchen nährstoffarmen Untergrund zurecht. Was sich schließlich im Sand festkrallt und behaupten kann, durchläuft den natürlichen Kreislauf von Werden und Vergehen. Die Düne nimmt die verwelkten, abgestorbenen und abfallenden Pflanzen und Pflanzenteile in sich auf, sofern sie nicht verweht werden, sie dunkelt in der Farbe nach und wird dabei gräulich.

Die graue Düne hat bis zu 90 % Bewuchs und ist innerhalb der Dünenentwicklung am vegetationsreichsten von allen Dünenstadien. Im Sommer, wenn auf ihr alles blüht, gibt sie entgegen ihrer Benennung, ein farbenprächtiges Bild ab. Wird eine solche graue Düne nicht beweidet, können sich auf ihr auch Sträucher wie der Sanddorn, die Besenheide und die Krähenbeere festsetzen und ausbreiten.

Braune Dünen

Das nächste Stadium ist das der braunen Düne. Mit der auf allmähliche Weise gewonnenen natürlichen Düngung bildet sich auf dem Boden eine Art Braunerde, die sich mit jedem Lebenszyklus der angesiedelten Pflanzen weiter ausbreitet und die von Mal zu Mal dicker wird.

Gleichzeitig sorgt die Auswaschung des Bodens durch Niederschläge und die Bildung von Huminsäuren für eine

Deichbau

Auf Norderney entlasten die Siele im Süden und der Schlopp im Osten das im Westen weitgehend geschlossene Deichsystem, indem dorthin Wassermassen ausweichen können.

Die geschützte Promenade lädt zum Flanieren ein

zunehmende Versauerung des Bodens, sodass sich Pflanzen ansiedeln, die man aus Heidelandschaften kennt.

Nun können auf einer solchen Braundüne sogar, ohne jegliches menschliche Zutun, Buschwerk, Haine und Wälder wachsen. Die steife Brise in Meernähe bewirkt jedoch, dass die exponierteren Büsche und Bäume in der Hauptwindrichtung fast bis auf den Boden niedergedrückt werden, man nennt sie deshalb bildhaft Windflüchter.

Häufig geschieht es auch, dass sie sich nicht halten können und eingehen. Von daher findet man Bäume und Büsche eher an den windabgewandten oder windgeschützten Stellen.

Eine braune Düne ist, wenn man ihre Humusschicht nicht beschädigt, ein ziemlich stabiles Gebilde. Allerdings sorgen die weit verbreiteten Kaninchen durch ihre »Bauarbeiten« für zahlreiche Aufbrüche des Bodens. Meist fasst man graue und braune Dünen unter dem Sammelbegriff Tertiärdünen zusammen.

Dünen- und Küstenschutz

Überlässt der Mensch auf den ostfriesischen Inseln der Natur das Zepter, muss er damit rechnen, dass seine Inselwelt immer wieder aus den Fugen gerät. Denn der normale Lauf der Natur sieht vor, dass sich die Inseln gemäß der vorherrschenden Meeresströmungen ständig verlagern. Dies geschieht ganz prinzipiell und in der Regel allmählich, aber auch mal plötzlich, überraschend und katastrophal.

Im Falle Norderneys würde das bedeuten, dass die Brandung die Insel vornehmlich im Westen und Nordwesten anknabbert. Die Strömung spült den Boden und den Sand weg und schwemmt ihn im Norden und Osten wieder an. Die Insel wäre, ließe man das zu, eine Wanderinsel.

Für eine Ansiedlung auf der Insel hieße das, sie müsste nach einiger Zeit aufgegeben und im Osten wieder neu errichtet werden. Irgendwann müsste das unpraktische Prozedere der Siedlungsverlagerung wiederholt werden, und zwar immer mal wieder, wenn man nicht irgendwann im Meer versinken will.

Man hat vor allem die gefährdete West- und Nordwestseite der Insel gegen die durch nichts eingedämmten Naturgewalten geschützt. Wenn man auf der Promenade spazieren geht, hat man das Gefühl, dass selbst wenn eine Sturmflut über das Deckwerk strömen würde, das Meer die Insel um keinen Meter verschieben könnte, so solide sieht das alles aus. Das war nicht immer so: Erst um 1858 entschloss man sich, nachdem sich nur geringfügig befestigte Schutzdünen im Westen nicht bewährt hatten, ein steinernes und schließlich mit Beton verstärktes Deckwerk zu errichten. Am Nordstrand erhebt es sich mittlerweile um über 9 m über dem mittleren Meeresspiegel.

Um dem eindrucksvollen Deckwerk nicht den ganzen Küstenschutz aufzubürden, hat man etwa im rechten Winkel zum jeweiligen Strandabschnitt weit ins Meer ausgreifende Buhnen aus schweren Steinblöcken gemauert und an einigen Stellen sogar mit Eisen-

Inselbewohner Kaninchen

Man geht davon aus, dass rund 30.000, vielleicht auch 50.000 Kaninchen auf der Insel herumhoppeln, also fünf bis acht mal mehr als Norderney Einwohner hat. In der Stadt, zum Beispiel auf der Kaiserwiese, sind sie alles andere als schüchtern. Da ihnen keine Gefahr vom Menschen droht, haben sie beschlossen, in Ruhe vor sich hinzumümmeln und den Rasen kurz zu halten. Allerdings: Streicheln lassen sich nur die wenigsten und schon gar nicht in der Ruhezone des Nationalparks. Wer sich ihnen dort auf weniger als fünf Meter nähern will, kann erleben, wie sie in Scharen das Weite oder ihren Bau suchen. Vor Jahren hat man Jäger auf sie losgelassen, um sie zu dezimieren. Aber wie steht man da, wenn man die Natur schützen will und dabei den Boden mit Bleikugeln verseucht. Also hat man es wieder gelassen, zumal die Kaninchen dadurch nur geringfügig weniger wurden. Mittlerweile hat man entdeckt, dass sie nicht nur putzig, sondern auch nützlich sind, auch wenn sie selbst dies nicht in jedem Fall begrüßen werden. Zum Beispiel im Fall, dass die Vögel für ihre Brut nicht genügend Mäuse finden und sich dafür als Ersatz junge Kaninchen schnappen. Dass die Kaninchen manche Dünen wie Schweizer Käse durchlöchern, ist an bestimmten Stellen sicher eine Gefahr für den Küstenschutz, doch es hat auch sein Gutes. Denn sie schaffen so eine große Auswahl an Bruthöhlen für die Vögel, die ein solches Zuhause für die Kinderstube mögen. Von daher ist es vielleicht gar nicht so schlecht, dass sich die eifrigen kleinen Hoppler auf der Insel heimisch gemacht haben.

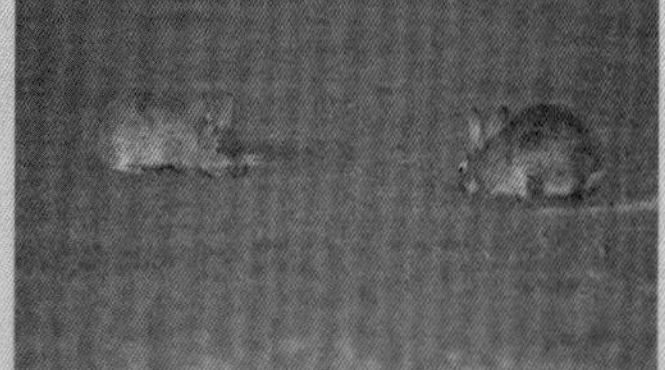

klammern versehen. Wer diese Buhnen einmal abgeht, wird feststellen, dass nicht alle nach dem gleichen Bauplan errichtet sind. Manchmal ist ihre Oberfläche glatt, manchmal hingegen unregelmäßig aufgeraut, sodass man sie kaum bequem betreten kann. Alle haben jedoch grundsätzlich die gleiche Aufgabe, Wellenbrecher zu sein.

Dabei sollen sie verhindern, dass der dem Deckwerk vorgelagerte Sand oder Boden von den anbrandenden Wellen ausgeschwemmt werden kann. Außerdem dienen sie dazu, dass sich von den Wellen angeschwemmter neuer Sand bei ihnen anlagert und den Schutz verstärkt. Als Wellenbrecher sollen sie den Fluten die Kraft und den Schwung nehmen, sodass die am Deckwerk ankommenden Wogen möglichst keine Schäden verursachen können.

Trotzdem ist es vor allem nach den Winterstürmen notwendig, mit großem Aufwand und Saugbaggern zusätzlich Sand (beispielsweise von der weiter westlich gelegenen Robbenplate) aufzuspülen, um zu verhindern, dass das Deckwerk doch einmal unterspült wird. Von daher wird das bei Touristen noch immer beliebte Bauen von Sandburgen vor allem am Weststrand und im Nordwesten zwar geduldet, aber mit einer gewissen Skepsis betrachtet.

Auf der Wattseite schützen die Insel vor allem Deiche und Eindeichungen. Buhnen bestehen dort meistens aus zwei Reihen aufrecht im Grund versenkter Holzpfähle, die, wenn sie mit Reisig verflochten sind, auch Lahnungen genannt werden.

Vor allem östlich des Hauptorts dienen Schutzdünen dem Erhalt des Terrains. Um sie zu stärken, werden Pflanzen mit tiefgreifendem Wurzelwerk wie der Strandhafer angesät, falls sich solche Pflanzen nicht ohnehin schon von selbst angesiedelt haben. Sie halten den Boden fest, in ihrem Windschatten häuft

Massiver Küstenschutz im Nordwesten

Der Queller – ein Alleskönner

Der Queller ist eine fast tragisch zu nennende Pflanze. Er kann von allen Pflanzen den höchsten Salzgehalt ertragen und er braucht das Salz auch, um zu gedeihen. An salzarmen Stätten bleibt er mickrig und geht gern auch mal ganz ein. Dennoch ist die sich im Laufe seines einjährigen Lebens in ihm ansammelnde Salzmenge im Herbst sein Tod. Er sieht dann wie von Rost befallen aus und färbt sich gegen Ende seiner Existenz wie korrodierendes Eisen in rötlich-gelblichen Tönen. Mit dem Absterben beginnt jedoch – positiv gewendet – seine irdische Reinkarnation. Eine Quellerpflanze setzt bis zu 10.000 Samenkapseln frei, die erst beim Kontakt mit frischem Wasser zu keimen beginnen. Im Extremfall, falls das Wasser länger ausfällt, bleiben sie bis zu 50 Jahre keimfähig. Der Queller wird wegen seines Aussehens auch Wasser- oder Meeresspargel genannt und seine salzig würzigen Spitzen sind roh oder blanchiert nicht nur essbar, sondern bei Kennern durchaus als Delikatesse oder Salatbeigabe beliebt. Einige Vögel schätzen seine Samen als Nahrung besonders. Er ist auch unter dem Namen Glasschmelz oder Glasschmalz bekannt, weil seine sodahaltige Asche von Glasbläsern genutzt wurde, um den Schmelzpunkt der Glasmasse zu senken. Ein tragischer Tausendsassa also!

sich Sand an und so schützen sie nicht nur vor den Wellen, sondern sie helfen auch in einem gewissen Maß gegen die Winderosion, die mithilfe der Buhnen für das Wachstum der Düne sogar genutzt wird. Damit die Wirkungsweise dieses besonderen Schutzes überhaupt den Hauch einer Chance auf Erfolg hat, ist es wichtig, dass die Dünen nicht von Spaziergängern beschädigt werden

Das gilt im Übrigen auch für Dünen, die sich im Innern der Insel erheben, denn auch sie müssen im Katastrophenfall den Naturgewalten standhalten können. Wenn aber die eher instabilen Schutzdünen unmittelbar hinter dem Strand Opfer der Flutwellen werden und die Dünen im Innern mit ihrer gewachsenen Deckschicht an festem Mutterboden niedergetreten worden sind, können auch diese scheinbar gefestigten Dünenketten ein Raub der Fluten werden und mit ihnen große Teile der Insel weggeschwemmt werden.

Die Schutzdünen werden regelmäßig auf ihre Widerstandsfähigkeit gegen Wind- und Wassererosion überprüft. Im Zweifelsfall muss nachgebessert werden. Im Oktober 2020 beispielsweise wurde damit begonnen, nördlich des Ostheller-Parkplatzes in einem weiten Bogen 70.000 m^3 Sand auf einer Länge von 900 m aufzuschütten und durch die Anpflanzung von Strandhafer ge-

Salzwiese zwischen Hafen und Südstrandpolder

gen die Ausblasung durch den Wind zu festigen. Der Sand wird flächig an der nahegelegenen Wasserlinie im Norden entnommen, um lange Transportwege zu sparen und, weil dort die Nordsee kontinuierlich Nachschub an Sand in genügender Menge anlandet.

Computersimulationen helfen nicht nur, die Schwachstellen einer Schutzdüne zu entdecken, sondern geben auch Hinweise, wie stark eine Schutzdüne sein muss, damit sie einer Sturmflut standhalten kann. In diesem besonderen Fall wurde errechnet, dass die neue Düne auf einer Höhe von 6,5 m über NHN eine Breite von 20 m haben muss. Die Dünenkuppen werden höher und in unregelmäßiger Form aufgeschichtet, sodass man die neue Düne von ihrer Gestalt her kaum von einer »natürlich gewachsenen« Düne unterscheiden kann.

Der Klimawandel bewirkt, dass der Wasserspiegel steigt und dass auch Stürme, Starkregenfälle, Erdrutsche und Überschwemmungen zunehmen. Von daher sollte sich jeder den Schutz der Dünen und darüber hinaus der Natur insgesamt zur Aufgabe machen oder wenigstens in dieser Hinsicht achtsam agieren.

Inselflora

Da Norderney ursprünglich eine reine Sand- oder Düneninsel ist, besteht seine Flora, dort wo der Mensch nicht eingreift, aus Pflanzen, die mit der Kargheit des Sandbodens zurechtkommen. An der Entwicklung der Dünentypen wurde gezeigt, dass sich zunächst sehr genügsame Pflanzen wie die Strandquecke und der Meersenf ansiedeln und sich später der Strandhafer und der Strandroggen ausbreiten. Außerdem finden dazwischen immer wieder andere Gräser oder an regenfeuchten Stellen Moose ihren Platz.

An der windabgewandten Seite einer Düne breiten sich an die Trockenheit angepasste Sandpflanzen aus, darunter die Stranddistel, die Dünen-Platterbse, die Dünen-Nachtkerze, die Strandwinde, der Wundklee und das Doldige Habichtskraut. Sobald sich eine ausreichend nährstoffreiche Humusschicht gebildet hat, kommen Sanddorn, Holunder und Kriechweide hinzu, allerdings letztere an manchen Stellen auf der Insel eher niederwüchsig.

In den Feuchtgebieten und kleinen Mooren in den Dünentälern siedeln sich Königsfarn, Rundblättriger Sonnentau und Bärlappgewächse an, wie der Sumpfbärlapp und der Keulenbärlapp. An anderer Stelle kommen Beerensträucher, Dünen-Stiefmütterchen und Hundsveilchen hinzu.

An den Siedlungsrändern der Kernstadt findet man Kartoffelrosen und Bimbernell-Rosen-Gebüsche in überschaubarem Umfang. Holunder ist in den Dünen an vielen Stellen abgestorben, vereinzelt findet man ihn aber noch am Südstrandpolder.

In den Salzwiesen wachsen salztolerante Pflanzen, die ein eigenes Biotop darstellen. Man kommt trotz der nährstoffarmen Ausgangslage auf der Insel immerhin auf über 500 verschiedene Pflanzenarten. Sie in ihrer Gesamtheit genauer kennenzulernen, erfordert ein Pflanzenlexikon oder ein Smartphone mit einer jeweiligen App.

Seit dem 18. Jahrhundert wurden im Stadtgebiet verschiedene Wäldchen angelegt, darunter auch der Kurpark: mit Kiefern, Schwarzerlen, Grauerlen und Silberpappeln.

Auch das Wäldchen am Flughafen wuchs nicht von allein. Es wurde aufgeforstet: In den Dünen sind an geschützten Stellen kleine, lichte Haine entstanden. Unklar ist, ob sie tatsächlich, wie es manchmal heißt, ohne menschliches Zutun entstanden sind, wozu sie theoretisch in der Lage wären. Neben den genannten Bäumen findet man Moorbirken oder auch Silberahorn, letzteren beispielsweise beim Gelände am Dünensender. Der Waldbestand ist mit über 30 ha (vermutlich) natürlichen und etwa 50 ha aufgeforsteten Waldes neben dem auf Borkum der größte auf den Ostfriesischen Inseln.

Salzwiesen

Salzwiesen gibt es in den gemäßigten Breiten an fast allen flachen Küsten der Ozeane und ihrer Ausläufer, bevorzugt jedoch dort, wo die Wucht der Meeresströmung durch schützende Sandbänke, Dünen oder Inseln gebremst wird, so wie es auf Norderney der Fall ist.

Salzwiesen entstehen, anders als das Watt, in Zonen, die nicht durchgängig dem Wechsel von Ebbe und Flut ausgesetzt sind, aber bei Springfluten und bei

Oben: Gänsedistel
Unten: Bittersüßer Nachtschatten

Stare sammeln sich zum Vogelzug

immer mal wieder auftretendem Hochwasser dann doch überschwemmt werden. Angesiedelt sind sie also zwischen dem Watt mit seiner zweimaligen täglichen Überflutung und dem Festland, das nur im Ausnahmefall, bei Sturmflutkatastrophen beispielsweise, überschwemmt wird. Die Bereiche, die nahe am Watt gelegen sind, haben häufig sumpfigen Charakter und werden deshalb manchmal auch Salzsümpfe oder Salzsumpfwiesen genannt.

Man unterscheidet im ostfriesischen Watt bei Norderney drei Arten oder Zonen von Salzwiesen. Sie bestimmen sich in erster Linie danach, wie häufig sie vom Salzwasser überflutet werden. Die **Quellerzone** mit ihren Charakterpflanzen Salzschlickgras und Queller ist eine Übergangszone zwischen dem Watt und der eigentlichen Salzwiese. Bei ihr ist es fast schon eher die Ausnahme, wenn sie nicht täglich überflutet wird.

Der Queller und das Salzschlickgras sind äußerst salztolerante Pflanzen. Sie benötigen das Salz sogar als Lebenselixier, sodass sie am Rande des Watts zu sprießen beginnen. Sie sorgen in dieser vom Wasser wenig bewegten Randzone dafür, dass sich in ihrem Umfeld Sedimente und Schwebstoffe absetzen können, wodurch sie eine allmähliche **Verlandung** herbeiführen. Wenn im Laufe der Verlandung und der damit einhergehenden allmählichen Hebung der Quellerzone über die normale Überflutungsgrenze hinaus nur noch bis zu 200 Überflutungen im Jahr stattfinden, entwickelt sich mit der Ausbreitung des Andelgrasrasens die eigentliche **Salzwiese**. Hier sind auch weitere salztolerante Pflanzen wie die Strandaster, die Strandsode oder der Stranddreizack in der Lage, Fuß zu fassen und sich auszubreiten.

Fällt irgendwann die Häufigkeit der Überflutung auf ungefähr 20 bis 50 mal im Jahr, spricht man von der **Rotschwingelzone**, in der die Pflanzenvielfalt sich weiter erhöht.

Neben dem ebenfalls salztoleranten Salzwiesenrotschwingel treten nun auch verschiedene Binsenarten in Erscheinung. Im Süden Norderneys sind alle diese Zonen in mehr oder minder deutlicher Ausprägung zu besichtigen, übrigens mit einem starken Fernglas sehr gut auch von der Aussichtsplattform des Leuchtturms aus.

Manche der Salzwiesen wurden vor allem an der Küste Ostfrieslands zur Landgewinnung genutzt. Auf Norderney versucht man, sie wieder zu renaturieren oder neu zu schaffen. Der lokale Ausdruck für eine Salzwiese heißt auf der Insel **Heller** und begegnet dem Wandernden oder Radfahrenden spätestens im Osten bei der Ortsbezeichnung Ostheller am Ende der Zwischenzone.

Inselfauna

Sieht man einmal von den geschätzten 30.000 bis 50.000 Kaninchen ab, wird die Fauna der Insel weitgehend von der Vogelwelt repräsentiert. Über 95 Vogelarten brüten auf Norderney. Während der beiden Zeitspannen des Vogelzugs steuern zusätzlich nahezu unübersehbare Myriaden von Zugvögeln die Insel an und lassen sich vor allem im geschützten Osten der Insel nieder. Tagsüber grasen sie das Watt als Nahrungsquelle ab.

Wer meint, in Ruhe auf der Promenade ein Fischbrötchen verzehren zu können, sollte sich vorsehen, denn vor allem Silbermöwen sind geschickte und freche Räuber. Auf den Terrassen von Lokalen wagen sich Haussperlinge bis auf die Teller der Gäste. Im Stadtgebiet

Rückkehr der Seepferdchen

Seit den 1930er Jahren galten Seepferdchen im Wattenmeer der Nordsee als so gut wie ausgestorben. Vor und nach der Jahrtausendwende gab es vereinzelte Sichtungen, aber kaum Fänge. Im Sommer 2020 jedoch zog ein Junge seinen Kescher durch das Wasser im Hafenbecken der Nachbarinsel Borkum und fand zu seiner Freude plötzlich ein Seepferdchen in den Maschen. Er übergab das putzmuntere Tier dem Nordsee-Aquarium dieser Insel. Kurz darauf fanden Fischer ein weiteres Exemplar in einem ihrer Netze und lieferten es ebenfalls lebend im selben Aquarium ab. Von den rund 100 Arten von Seepferdchen in der Welt sind in den europäischen Küstenbereichen vor allem zwei dieser zu der Unterordnung der Seenadeln gehörenden Fische zu finden: das Langschnäuzige und das Kurzschnäuzige Seepferdchen. Die beiden 2020 bei Borkum entdeckten Seepferdchen gehören zu den Kurzschnäuzigen, wobei das eine beim Fang fünf und das andere zehn Zentimeter lang war. Innerhalb der Seenadeln sind die Seepferdchen die einzigen, die vorwiegend aufrecht oder senkrecht durchs Wasser pflügen. Ihre Gestalt erinnert an den ungefähren Umriss eines Pferdekopfs mit Hals. Der Schwanz, der aus dem »Pferdehals« nach unten ragt, ist zu einem Greifarm ausgebildet, mit dem sich der Fisch an Algen oder Seegras festhalten kann. Seine bevorzugte Beute sind Kleinkrebse. Der Laich eines kurzschnäuzigen Seepferdeweibchens umfasst bis zu 100 Eier, die birnenförmig und etwa einen Millimeter groß sind. Sie werden von ihm nach einer kurzen Balz in die Bruttasche am Bauch des Männchens abgelegt, dort befruchtet und von ihm solange ausgetragen, bis sie zu fertigen Fischen herangereift sind. Sobald sie die Bruttasche verlassen haben, sind die Seepferdchen auf sich gestellt. Also Augen auf am Wassersaum des Wattenmeeres! Ein Seepferdchen zu entdecken, wäre doch ein sehr erfreuliches Erlebnis.

Von oben: ein Fasan, ein Austernfischer, eine junge Lachmöwe und ein Löffler

trifft man zudem auf Amseln und Krähen, auf den Rasenflächen neben den Kaninchen auf Enten.

An den Deichen äsen Graugänse. Mit etwas Glück zeigt sich an einem Priel am Südstrandpolder ein Löffler mit seinem formvollendeten Schnabel. Am Strand sind Lachmöwen, Austernfischer und Alpenstrandläufer unterwegs.

In der Zwischenzone begegnet einem auch der Fasan, dessen Vorfahren vermutlich zum Jagdvergnügen ausgesetzt wurden.

Ausgesetzt wurden auch Rehe und sehr wahrscheinlich ebenso das Damwild, das man gelegentlich sehen kann. Da sich eher selten Nesträuber wie der Fuchs, der Marder oder der Dachs auf die Insel verlaufen, sind die Gelege der Brutvögel am Boden in der Regel relativ sicher.

Häufig hat sich jedoch das Aussetzen von Tieren auf den Inseln, um gegen eine Mäuse- oder Rattenplage vorzugehen, als ein äußerst schädliches Geschäft erwiesen. So fraßen Igel, die man als Mäusefänger ausgesetzt hatte, statt der Mäuse lieber Vogeleier, weswegen man die kleinen Stachelwesen wiederum bekämpfen musste. Frettchen, die man einst zur Jagd von Kaninchen auf die Insel brachte und von denen wohl einige ihren Besitzern entkommen sind, soll es immer noch in freier Wildbahn geben.

Im Meer um Norderney herum wurden 70 Fischarten gezählt. Plattfische wie die Scholle und der Butt gehören ebenso dazu wie die Kristall- und Sandgrundeln. Außerdem findet man am Meeressaum und im Watt allerlei Krebstiere, wie den Europäischen Hummer, den Taschenkrebs und die Nordseegarnele, und Muscheln, darunter mehrere Nuss- und Bohnenmuschelarten und natürlich besonders auffällig Miesmuscheln.

Neben den verschiedenen Wattwurmarten ist das Watt darüber hinaus reich an weiterem Klein- und Kleinstgetier. Besonders beliebt sind, wie man auch an den zahlreichen steinernen Nachbildungen im Ort erkennen kann, die Seehunde und Kegelrobben, die das Wattenmeer bevölkern und die sich an abgelegenen Stränden oder auf Sandbänken räkeln. Sie gehören zu den Säugetieren. Für Neugierige gilt, immer mindestens 300 Meter Abstand zu halten und ein Fernglas oder ein Teleobjektiv dabei zu haben.

Wer sich eingehender mit der Meeresfauna und der Vogelwelt beschäftigen möchte, kann auf ein Bestimmungsbuch beziehungsweise auf eine entsprechende App zurückgreifen.

Mit Kindern auf Norderney

Für Kinder ist Norderney eine Erlebnisinsel. An den ellenlangen, flachen Sandstränden kann man herrliche Sandburgen mit wasserführenden Gräben, Wällen, Türmen und Brücken bauen und wieder untergehen lassen, feine Skulpturen aus nassem Sand formen, Muscheln als Schmuck zum Umhängen oder als Ornament für die Burg oder als glitzernde Schuppen für die selbstgeschaffene Sandnixe sammeln.

Wer genauer wissen will, was er oder sie da im Sand oder im Wasser eigentlich gefunden hat, sei es eine Muschel am Strand oder ein Fischchen im Seichten, hat die Möglichkeit unter www.beachexplorer.de auf dem Smartphone anhand der Abbildungen seinen Fund zu vergleichen und näher zu bestim-

Reiterhof zwischen den Dünen

men. Wer beispielsweise aus dem Sand herausspitzende Stacheln am und im Wasser entdeckt, ist vielleicht auf einen Fisch namens **Petermännchen** gestoßen, der sich im Sand eingegraben hat und dessen Stacheln giftig sind. Besser also man tritt nicht in den Fisch mit dem harmlosen Namen hinein.

Der Strand ist natürlich auch für jegliche Form von Bewegungsspielen ein toller Ort. Ballspiele machen auf Sand besonders viel Spaß. Ins Meer sollten Kinder nur an den ausgewiesenen und deutlich markierten Badebereichen gehen, aber auch da nicht zu weit und vor allem nicht bei ablaufendem Wasser, denn die **Strömungsverhältnisse** verändern sich, sind schwer einzuschätzen und gefährlicher als man manchmal denkt. Das gilt besonders für die Benutzung von Luftmatratzen. Schnell kann man aufs offene Meer hinausgetrieben werden.

In den Sommermonaten findet täglich ein abwechslungsreiches und kreatives **Mitmachprogramm** für Kinder an den unterschiedlichsten Orten der Insel statt. Die Termine und Treffpunkte werden sowohl im kostenlosen »Norderneyer Morgen« als auch über Aushänge in der ganzen Stadt bekannt gegeben.

Auf der Insel gibt es **acht Abenteuerspielplätze**, die je nach Ausstattung die verschiedenen Spiel- und Bewegungsbedürfnisse abdecken. Drei davon sind in unmittelbarer Nähe der offiziellen Badestrände: des Westbadestrands, des Nordbadestrands und des Ostbadestrands »Weiße Düne«. Am Januskopf besteht die Möglichkeit, auf großen Flächen Schach, Dame oder Mühle zu spielen.

Die anderen Spielplätze befinden sich an der Segelschule hinter dem Jachthafen, am Kap, am Alten Horst hin-

Outdoor-Schach am Januskopf

ter dem Südwestdeich, Up Süderdün südwestlich des neuen Kurparks und am Spielpark Kap Hoorn am Gondelteich. Am Weststrand gibt es zudem eine **Trampolinanlage** mit mehreren unterschiedlichen Trampolinarten. Besonders hervorzuheben ist der **Spielpark Kap Hoorn**, da man dort bei jedem Wetter im geschützten, mit feinem Sand ausgelegten Innen- wie im großen Außenbereich klettern, schaukeln, hüpfen, bolzen, skaten und dazu auch neue Freundinnen und Freunde treffen kann. Die **Skateanlage** ist hinter dem Hauptgebäude.

Wenn man mit den Kindern etwas Inselspezifisches unternehmen will, sollte man unbedingt die Angebote des Besucherzentrums des Nationalparks in Betracht ziehen. Die **Watt Welten** haben Erlebnistouren für Kinder, junge Menschen und Familien im Programm, die ihnen das Außergewöhnliche der Insel und seiner Umgebung auf spielerische, unterhaltsame, informative und abenteuerliche Weise nahebringen.

Watt Welten

Am Hafen 2, Tel.: 04932-2001, E-Mail: info@wattwelten.de, www.wattwelten.de, Öffnungszeiten: täglich 10-17 Uhr

Im Übrigen haben alle in diesem Buch genannten Museen, Veranstalter, Einrichtungen, Ausstellungs- und Spielstätten Angebote für Kinder. Für Leseratten gibt es die wunderbare **Bibliothek** im Conversationshaus. Bestimmte Orte sind ohnehin auch ohne explizites Kinderprogramm für Kinder interessant, so der Leuchtturm, der kleine Flughafen, die Sternwarte, der Tonnenhof am Hafen oder das Wrack am Ostende.

Seehund-Skulpturen

Für Kinder gibt es zudem ein kleines, 50 Personen fassendes Theater, in dem Puppen die Hauptrollen spielen. Das **Puppentheater Purzelbaum** wird von Mirjam Barty geleitet. Im Programm sind insgesamt ein gutes Dutzend unterhaltsamer Stücke, sodass man bei Gefallen auch noch öfter dahin gehen kann, zumal wenn das Wetter mal gar zu garstig ist.

Puppentheater Purzelbaum

Schmiedestr. 1a, Tel.: 04932-9345826, www.puppentheater-purzelbaum.de, E-Mail: mirjam@barty.de

Unterwegs

Inselrundgänge
Beliebte Spaziergänge, Radtouren und Wanderwege
Touren zu Fuß

Inselrundgänge

1. Rundgang: Rund um den Kurplatz

Die zentrale Anlaufstelle für die Besucher und Gäste der Insel, ist der als Park angelegte Kurplatz mit seinen Gebäuden und Einrichtungen. Er eignet sich außerdem auch sehr gut als Treff- und Ausgangspunkt für Erkundungen des Kernbereichs der Stadt. Dieser erste kleinere Rundgang führt im Uhrzeigersinn um den Kurplatz herum und beginnt beim historischen **Conversationshaus**. Hier eine kleine Einführung in die Anfänge und seine heutige Funktion und Bedeutung:

Als 1797 die Entscheidung gefallen war, Norderney zum ersten Seeheilbad der deutschen Nordseeküste auszuzeichnen, gab es gut 100 Häuser und Hütten auf der Insel. Hiervon konnten etwa bis zu 70 ein Zimmer für ein oder zwei Gäste freimachen. Auf Dauer gesehen musste ein Zentrum her, das den Zustrom der Reisenden organisieren und für die Gäste der adeligen und gutbürgerlichen Stände eine geeignete Unterbringung gewährleisten konnte. 1799 entstand der erste schlichte Vorläuferbau des Conversationshauses. Er war aus Holz, mit Reet gedeckt und sein wesentlicher Luxus bestand in einem Kursaal und, neben zwei weiteren Aufenthaltsräumen, einer Billardstube. Man traf sich hier zum Klönen, Spielen

Das Conversationshaus am Kurplatz

und eventuell auch zum Tanzen. Das Schankrecht war anfänglich ein Monopol des Inselvogts, der auch für die musikalische Unterhaltung zuständig war. Bereits 1800 gab es etwa 250 Gäste, die versorgt sein wollten.

Da der Badetourismus nach dem Einbruch in der »Franzosenzeit« ab 1814 wieder zulegte, entschloss man sich 1822 zum Bau eines ersten repräsentativen Steingebäudes. Mit der Entscheidung des hannoverschen Königshauses 1836, auf der Insel die Sommersaison zu verbringen, entstand schon im Jahr darauf ein Kurhaus mit Logierzentrum, in dessen großzügigen Räumlichkeiten die Gäste standesgemäß residieren konnten. Die aufgelockerte Kolonnadenfassade stammt aus dieser Zeit. Nach einigen Umbauten, Erweiterungen und Renovierungen dient es heute nicht nur als zentraler Treff- und Anlaufpunkt für Einheimische und Gäste der Insel, sondern auch als viel bespielter Veranstaltungsort (mit zwei Sälen), als offizielle Touristeninformation und als Bistro, Bar und Café mit Außenbereich auf dem Kurplatz. An der Ostseite befindet sich zudem der Eingang zur Spielbank. Es gibt eine gut ausgestattete und anheimelnd eingerichtete Bibliothek (mit einem Flügel für lauschige Konzerte) und einen Lesesaal, in dem die wichtigsten Publikationen der Tagespresse ausliegen. Wechselnde Gemälde- oder Fotoausstellungen in der zentralen Eingangshalle lohnen zusätzlich einen Besuch.

Conversationshaus

Am Kurplatz 1, Tel.: 04932-891900, www.norderney.de/conversationshaus, E-Mail: info@norderney.de, Kontakt zur Bibliothek: Tel: 04932-891296

Das nächste Gebäude auf unserem Rundgang ist das **Badehaus**, dessen Besuch sich niemand, der Wert auf ein entspanntes Wellness-Erlebnis legt, entgehen lassen sollte. Im Gebäude, an dessen Längsseite ein Arkadengang vorgelagert ist, befindet sich das **Rathaus**. Neben der Inselverwaltung sind hier das Bürger- und Fundbüro und einige Geschäfte untergebracht. Das Gebäude hieß in seiner ursprünglichen Form Bazargebäude, weil es als Ersatz für die saisonalen Buden und Verkaufsstände am Platz mit festen Kaufläden für den besonderen Bedarf der Inselbesucher eingerichtet wurde.

bade:haus

Am Kurplatz 2, Tel.: 04932-891400, www.norderney.de/badehaus-norderney

Jenseits des kleinen Brunnens erkennt man an Turm und Vorterrasse das wohl älteste Hotel am Platz mit moderner Ausstattung, das **»Hotel König«**. Jenseits der Bülowallee befand sich das **Haus der Insel**. Dieses große Veranstaltungszentrum ist abgerissen worden. Im Herbst 2020 gab es an seiner Stelle eine eingezäunte Wiese.

Haus der Insel

Weitere Informationen zu möglichen Plänen eines Neubaus unter Tel. 04932-891900 oder www.norderney.de

Das **Kurtheater** steht noch immer an seinem Platz gegenüber des Hauses der Insel und ist ein echtes Juwel. Das Haus Hannover war den Künsten immer sehr zugetan. Der früh erblindete König Georg V. trat beispielsweise selbst als Komponist in Erscheinung. Dennoch kam es zu den Zeiten der welfischen Sommerresidenz nicht zu einer eigenen Spielstätte auf Norderney. Dies geschah erst, nachdem der hannoversche Besitz längst von Preußen erobert und dem eigenen Territorium eingegliedert worden war. 1893 entstand das schmucke höfische Residenztheater, das architektonisch – Ironie der Geschichte – an das Opernhaus in Hannover erinnert. Die Anfänge gingen auf die Initiative eines gewissen Gustav Weidemann zurück, der der Eigner des renommierten Hotels »Deutsches Haus« war und der im großzügig angelegten Garten seiner Nobelherberge vom Architekten Johannes Holekamp aus Hannover ein Kurtheater errichten ließ. Das »Deutsche Haus« ist übrigens identisch mit dem auch schon historisch gewordenen »Schuchards Hotel« und dem heutigen »Hotel König« – nur um die Dimension des Weidemannschen Restaurationsgartens deutlich zu machen. Im Jahr

Oben: Die öffentliche Bibliothek im Conversationshaus mit Konzertflügel
Unten: Wellnes pur im bade:haus

Ein Inselhotel mit langer Tradition und modernem Komfort

1894 begann eine Truppe von 42 Schauspielerinnen und Schauspielern, unterstützt von 26 Technikern, allsommerlich Lustspiele und Komödien aufzuführen. Singspiele und Opern waren mit Ausnahme einer Offenbach-Operette nicht im Repertoire. Gelegentlich kam es zur Aufführung eines Theaterklassikers, wie Schillers Räuber. Während des Ersten Weltkriegs wurde das Kulturprogramm ausgesetzt. Ab 1923 ergänzte man das Programm um vielbesuchte Spielfilmvorführungen. Im Zweiten Weltkrieg wurde fast bis zu seinem Ende Theater gespielt, am Schluss jedoch hauptsächlich von schauspielernden Soldaten für Soldaten. Nach 1945 wurde im einzigen Theatergebäude der ostfriesischen Inseln die Theaterarbeit wieder aufgenommen, u.a. auch durch eine zweite Amateurspielgruppe unter der Leitung des später sehr erfolgreichen Krimiautors Hansjörg Martin. Ebenso erlebte das Spielfilmprogramm einen neuen Aufschwung. Das spätklassizistische Kurtheater wurde 1987 unter Denkmalschutz gestellt, was einige bauliche Veränderungen nicht verhinderte. Seit 1990 findet in seinem bis zu 363 Besucher fassenden festlichen Saal das sehr beliebte internationale Filmfestival Emden-Norderney statt. Das in weiß-rot-gold gehaltene Interieur erhöht den Glanz dieser Veranstaltung um eine zum Film passende luxuriöse Note.

Kurtheater

Am Kurtheater 4. Hinweis: 2019 wurden Risse im Gebäude entdeckt, die eine Sanierung notwendig machen. Informieren Sie sich über den Stand der Dinge und der geplanten Renovierung unter Tel.: 04932-891900 oder www.norderney.de

Mit dem **Heinrich-Heine-Denkmal** wird an den prominentesten, nicht-adeligen Besucher der Insel in der Anfangszeit des Seebads erinnert. Der Dichter Heinrich Heine verlebte von 1825 bis 1827, als er noch nicht die allgemeine

Berühmtheit erlangt hatte, zwei längere und einen kurzen Sommeraufenthalt auf Norderney. Er gilt als der erste bedeutende deutsche Dichter, der in seinen Gedichten das Meer, seine Erscheinungen und seine Wirkung auf den Menschen zum Gegenstand seiner Lyrik machte. (»Ich liebe das Meer wie meine Seele. Oft wird mir sogar zumute, als sei das Meer eigentlich meine Seele selbst ...«)

Er soll auf der Marienhöhe gesessen, von dort auf die Wogen des Meeres geschaut und so die Inspiration zu seinen beiden Nordsee-Zyklen gefunden haben. Für dieses Werk wurde er auch auf der Insel sehr geschätzt.

Weniger erfreut war man hingegen über seinen Auslassungen in dem prosaischen Text des zweiten Teils seiner Reisebilder »Die Nordsee – Dritte Abteilung«. Dort äußerte er sich über die Insulaner und Insulanerinnen in einer Weise, die sie als respektlos, arrogant oder gar unverschämt empfanden.

Die Zwietracht mit dem Dichter ging so weit, dass er bei seinem dritten Besuch auf Anraten von Bekannten seinen Aufenthalt nach zwei Wochen abbrach, weil er befürchten musste, dass aufgebrachte Norderneyer ihm womöglich ans Leder gehen wollten. In einem Brief an einen Freund hatte er nach seiner Flucht nach Wangerooge immerhin konzediert, dass die Frauen der Insel, denen er Hässlichkeit attestiert hatte, »mit einigem Rechte aufgebracht« waren.

Noch ein Vierteljahrhundert später bemerkt der evangelisch-lutherische Prediger der Insel, C. G. Reins, in seinem Werk »Die Insel Norderney« ziemlich pikiert, dass man sich »über seine Witze auch nicht recht freuen« könne. »Sie nehmen leider die Unwahrheit zu Hülfe, um pikant zu sein und das ist eine Würze, an der wir nun einmal keinen Geschmack finden.«

Doch der Wirbel um Heinrich Heine, auch wenn er daran diesmal persönlich gänzlich unschuldig war, erfuhr in den 1980er Jahren ein zusätzliches Drehmoment. Um sich der Prominenz des Dichters für die Promotion des Fremdenverkehrs zu versichern, nahm der Stadtrat Norderneys ein Angebot der Düsseldorfer Heinrich-Heine-Denkmal-Gesellschaft an, sich ein Heine-Denkmal schenken zu lassen. Das Denkmal wurde nach dem Entwurf des Bildhauers Arno Breker aus dem Jahre 1930 hergestellt, aber nacheinander von den Städten Düsseldorf und Lüneburg, denen man es zum Kauf und zur Aufstellung angeboten hatte, abgelehnt.

Die Gesellschaft und der Bildhauer einigten sich daraufhin, das Denkmal als

Das Heinrich-Heine-Denkmal von Arno Breker

Geschenk der Stadt Norderney zu überlassen. Eine Bürgerinitiative versuchte vor Ort die Aufstellung zu verhindern, weil Arno Breker (1900–1991) als einer der gefeiertesten Bildhauer des Dritten Reiches für viele untragbar erschien, auch wenn das Projekt bereits vor 1933 seinen Anfang genommen hatte. Der Stadtrat setzte sich schließlich durch, sodass am 6. Dezember 1983 unter vehementen Protesten und angesichts einer ablehnenden Stellungnahme vonseiten des PEN-Zentrums in London die Einweihung vorgenommen wurde.

Heinrich-Heine-Denkmal

Das Denkmal stand bis 2019 vor dem Kurtheater und wurde beim Abriss des Hauses der Insel eingelagert. Wo und ob das Denkmal wieder aufgestellt wird, ist noch nicht abschließend geklärt.

Nach diesem Kurzrundgang kehrt man via Rosengarten mit der Haltestelle für Inselrundfahrten wieder zum Conversationshaus zurück. Einen Katzensprung vor seiner Spielbankseite steht eine Hütte, an der es das beliebte »Friesen-eis« gibt. Außerdem befindet sich am Kurpark noch eine Konzertmuschel, an der die sommerlichen Kurkonzerte und andere Vorstellungen stattfinden. Unmittelbar daneben in einem umfunktionierten Badekarren mit der Aufschrift »neybox« kann man selbst gedrehte Kurzvideos als Urlaubsgruß aus Norderney ins Netz stellen.

2. Rundgang: Von der Marienhöhe zur Meierei

Der zweite Rundgang ist im Vergleich zum ersten ambitionierter, zumindest was die reine Entfernung angeht. Man durchquert dabei vom westlichsten Punkt der Insel aus den Siedlungskern bis zum Beginn der Zwischenzone (bzw. der Schutzzone II) an der alten Meierei und begibt sich dann auf einem anderen Weg wieder zurück ins Zentrum der Stadt. In einer Richtung sind gut

Der Kurplatz im Frühling

Die Marienhöhe im Abendlicht

vier Kilometer zu gehen oder mit dem Fahrrad zu fahren. Ausgangspunkt ist die **Marienhöhe** mit ihrem Café und dem besonderen Ausblick.

Von der historischen Marienhöhe hat man einen fantastischen Blick auf das Panorama der glutrot ins glänzende Meer versinkenden Sonne. Heinrich Heine soll auf der seinerzeit noch unbebauten Marienhöhe gesessen haben und ließ sich zu seinen Nordseezyklen inspirieren, angeblich auch zum von Franz Schubert vertonten Lied »Am Meer«. Das Café wurde nach der Ehefrau des Königs Georg V. benannt, die von Heine begeistert war.

Marienhöhe
Damenpfad 42a

Südlich der Marienhöhe überquert man den Damenpfad und gelangt über den Lüttje Damenpfad in die belebte Jann-Berghaus-Straße. In der querenden Poststraße erhebt sich das ehemals **Kaiserliche Postamt**. Zu Kaiser Wilhelms Zeiten (des I. und des II.) musste ein Amtsgebäude staatliche Macht und Würde ausstrahlen und durch die Insignien des Reiches und seiner Organe glänzen. Das Kaiserliche Postamt in der zur Fußgängerzone erklärten Poststraße ist hierfür ein gutes Beispiel. Es wurde als reich verzierter Backsteinbau 1892 errichtet, denn sein Vorgängergebäude konnte angesichts des durch den Badetourismus erheblich angewachsenen Postaufkommens nicht mehr den Anforderungen genügen. Für den Postverkehr war ab 1824 eine erste Poststation auf der Insel für den Saisonbetrieb eingerichtet worden. Ab 1844 gab es einen regelmäßigen Postkutschenverkehr, bei dem neben der Post auch Passagiere befördert wurden. Dies war ein echtes Abenteuer, denn die Pferdekutschen mit ihren breiten Wattreifen nahmen in Norddeich Briefe, Pakete und Reisende auf, fuhren an der Küste ostwärts nach Hilgenriedersiel und durchquerten

Der Ziergiebel des alten Postamts

von dort bei Ebbe das Watt. Die Pferde mussten oft bis zum Bauch durch kleinere Priele und Untiefen waten. Plötzliche Wettereinbrüche oder Veränderungen der Wegverhältnisse verschärften zuweilen die Lage. Wer nach rund vier Stunden im Zentrum von Norderney unfallfrei ankam, konnte aufatmen. Ab 1872 war jedoch Schluss mit diesem Abenteuer. Ein Dampfschiff sorgte nun für eine regelmäßige und zuverlässige Verbindung. In der Alten Post, die unter Denkmalschutz steht, sind heutzutage Wohn-, Büro- und Geschäftsräume untergebracht.

Das alte Postamt

Poststr. 1. Einen neuen Laden der Post mit Paketdienst etc. gibt es seit 2019 im zur HS2 Passage umgewandelten Haus der Schiffahrt in der Bülowallee 2.

Die Tour führt in der Poststraße nach Norden und biegt kurz darauf nach rechts (NO) in die Friedrichstraße ein. An der Kreuzung mit dem Herrenpad befindet sich rechter Hand die katholische **Sankt-Ludgerus-Kirche**. Norderney hatte sich nach der Reformation von der römisch-katholischen Kirche radikal abgewandt. Auf der Insel wohnten nurmehr Protestanten. Mit der Gründung des Seebads kamen erste katholische Kurgäste und nach und nach auch erste Saisonarbeiter für die Hotellerie und Gastronomie aus katholischen Landen auf die Insel.

Um 1840 bemühte sich ein Geistlicher aus Norden, für die rund 100-köpfige Schar katholischer Badegäste einen Priester beim Bistum Osnabrück anzufordern. Aus Geldern, die größtenteils von auswärtigen Gästen gespendet wurden, baute ein Norder Bauunternehmer 1883/84 die nach einem Missionar aus der Zeit Karls des Großen benannte erste katholische Kirche im Ort. Der heilige Ludgerus hatte sich das Vertrauen der Ostfriesen erworben. Er tat sich als Klostergründer hervor und wurde zum ersten Bischof von Münster konsekriert.

Die Sankt-Ludgerus-Kirche ist, wie die evangelische Inselkirche, ein Backsteinbau und im neogotischen Stil der Gründerzeit errichtet. Man nennt sie Saalkirche, weil der Innenraum ohne Säulen, Pfeiler oder Stützen auskommt. Es gibt keine fixierten Sitzreihen, sonders einzelne Stühle, die je nach Bedarf um den Altar aufgestellt werden. Erst 1909 wurde ein eigener Priester eingesetzt. Für ihn fügte man der Kirche 1912 ein Pfarrhaus hinzu.

Die Kirchengemeinde erhielt 1923 den Status einer Kuratiegemeinde, 1974 den einer Pfarrgemeinde. Für die durch Heimatvertriebene und Zuwanderer aus

Die St.-Ludgerus-Kirche mit dem Kaiser-Wilhelm-Denkmal

katholischen Regionen auf rund 800 bis 1.000 Mitglieder angewachsene Gemeinde ist die Kirche zu klein. Deshalb wurde mit der Stella-Maris-Kirche frühzeitig ein zweites, größeres katholisches Gotteshaus im Ort errichtet.

Sankt-Ludgerus-Kirche

Friedrichstr. 22, Tel.: 04932-456, www.ludgerus-norderney.de

Mitten auf dem Platz vor der Kirche erhebt sich das **Kaiser-Wilhelm-Denkmal**. Heimatliebe und Kaisertreue türmen sich zwölf Meter hoch auf zu einer schlanken Pyramide aus zusammengewürfelten Natursteinen, die 1899 aus 75 deutschen Städten gespendet wurden, um an die Reichsgründung 1871 unter dem damals amtierenden preußischen König und daraufhin proklamierten deutschen Kaiser Wilhelm I. zu erinnern. Jedem sichtbaren Stein ist der Name der Stadt seiner Herkunft aufgeprägt. Der größte Felsbrocken, ein Sechstonner, kam aus der neuen Reichshauptstadt Berlin. Die eiserne Büste des Kaisers, die das Steinkonglomerat krönte, wurde im Ersten Weltkrieg für militärische Zwecke eingeschmolzen.

Kaiser-Wilhelm-Denkmal

Kreuzung Herrenpfad und Friedrichstraße

An der Kreuzung führt der Weg in südlicher Richtung auf dem Herrenpad wieder zurück auf die Hauptgeschäftsstraße der Insel, auf die Jann-Berghaus-Straße. Nach Osten gehend kommt man am großen Backsteingebäude der Grundschule vorbei. Links hinter dem ZOB befindet sich der Friedhof der Insel, auf dem auch an die auf See verschollenen Insulaner erinnert wird. Jenseits der Mühlenstraße befindet sich auf der rechten Seite eine der beiden Jugend-

Der Wasserturm aus rotem Klinker

herbergen. Auf der linken Seite erhebt sich der **Wasserturm**. Dieser 1929 errichtete Turm ist eine der unübersehbaren Landmarken. Er hat eine rote Klinkerverkleidung und eine sparsame Ornamentik an den Außenmauern.

Er überragt mit seinen 42 Metern Höhe auf seinem Areal, das 25,7 Metern über dem Normalnull liegt, alle Gebäude des westlichen Siedlungskerns.

Die Grundfläche des Turms ist ein Quadrat mit elf Metern Seitenlänge. Die Außenmauern sind kaum durch Fenster durchbrochen, was dem Gebäude eine gewisse Wucht, etwas Blockhaftes verleiht.

Der Turm hat einen Wasserbehälter unter der Georgshöhe abgelöst und obsolet gemacht. Sein Wasser bezieht er aus einer riesigen, unter der Insel liegenden Süßwasserlinse. Es wird gereinigt, gefiltert und in seinen 500.000 Liter fassenden Hochbehälter gepumpt. Der Wasserturm fungiert als Speicher und durch seine Höhe und seine gespeicherte Wassermasse zugleich als Druckausgleichsbehälter.

Das zum Trinken geeignete Wasser hat eine leichte natürliche Färbung, die seine Qualität in keiner Weise mindert, weil anders als auf dem Festland so gut wie keine Gülle oder Pestizide in den Boden eingeleitet werden. Nachts leuchtet seine Bekrönung blau, an Weihnachten rot. Gruppen können den Wasserturm nach rechtzeitiger voriger Anmeldung besichtigen.

Wasserturm

Jann-Berghaus-Str. 34, www.stadtwerke-norderney.de. Die Webcam an der Turmspitze kann man unter www.norderney.de/webcams abrufen.

Die Jann-Berghaus-Straße geht nach Osten hin in die Richthofenstraße über. Nördlich wird diese Straße vom größten Wald im Siedlungsbereich der Stadt begleitet. Das **Ruppertsburger Wäldchen** liegt in einem Dünengelände und hat eine mit dem Wehrdienst verbundene Geschichte. Die freiwillige kaiserliche Jugendwehr bereitete Halbwüchsige halb spielerisch und doch ernsthaft auf einen künftigen Kriegseinsatz vor. Bei manöverähnlichen Auseinandersetzungen zwischen »Roten« und »Blauen« gewannen in der Regel wunschgemäß die Blauen, sodass ein an sich grünes Dünental im würzig duftenden Kiefernwäldchen den Namen Blautal erhielt.

Einen traurigen Aufreger gab es in diesem Wäldchen auch: 2010 fanden Kinder die Leiche eines Mannes, der in der Norderneyer Gastronomie beschäftigt war. Zwei Saisonarbeiter, die man kurz darauf auf dem Festland festnehmen konnte, wurden als Täter überführt und verurteilt. Der letzte Mord davor lag über dreißig Jahre zurück.

Wer nicht entlang der Straße gehen will, kann parallel dazu durch das Wäldchen gehen. An der Kreuzung mit dem Birkenweg trifft man auf den **Bahnhof Stelldichein**. Der kleine Rest von Bahnhof, der seltsam funktionslos und ohne jegliche Gleisverbindung etwas abseits vom Hauptort in der Landschaft steht, heißt geradezu idyllisch »Stelldichein«. Wegen seiner Lage war er ein beliebter Treffpunkt für ein ungestörtes tête-à-tête der Jugendlichen.

Im Ersten Weltkrieg stellte man den Badebetrieb vollständig ein und baute Norderney zu einer Seefestung aus. Um die benötigten Materialien leichter an den Ort ihrer Verbauung und auch Waffen und Munition schnell befördern zu können, wurde 1915 eine Gleisstrecke von der Anlegestelle bis zum Bahnhof gebaut. Im Zweiten Weltkrieg wurde die Bahn unter den Nazis weiter ausgebaut und verbessert, ebenso die Bunkeranlagen und Geschützstellungen. Als der Spuk 1945 zu Ende war, diente sie noch zum Abtransport der Militärgüter und wurde mit Ausnahme des Bahnhofs abgewrackt, auch weil die Option, sie in eine Straßenbahn umzuwandeln keine Mehrheit fand.

Bahnhof Stelldichein

Kreuzung Birkenweg und Richthofenstraße

Keinen Steinwurf weiter befindet sich das **Cumberland-Denkmal**. Seine Errichtung geht auf einen Unfall des jugendlichen Thronfolgers der Welfenmonarchie zurück, der am 10. August 1861 beim Baden von den Wellen durchgeschüttelt worden war. Der dienstbeflissene Fischer Gerrelt Janssen, der sich ein Zubrot als Badehelfer verdiente, zog den zukünftigen Herzog von Cumberland fürsorglich aus dem Wasser und rettete ihm, wie die Presse berichtete, nicht nur das Leben, sondern auch der Krone den männlichen Erben.

In der Darstellung des einstigen Bestsellerautors Friedrich Spielhagen, war

Oben: Die erhaltenen Reste des Bahnhofs
Unten: Ein Obelisk zur Feier einer Rettungstat

Für den Blick ins All

der 16-jährige Kronprinz unmittelbar nach der Rettung noch der Meinung, dass »von einer Lebensgefahr keine Rede« gewesen sein könne. Doch diese Auffassung musste der vom väterlichen Monarchen gewünschten göttlichen Vorsehung weichen und wurde deswegen als schicksalhafte Errettung gefeiert. Auf den Tag genau fünf Jahre nach dem Vorfall wurde fernab des Strandes feierlich ein Obelisk errichtet. Gerrelt Janssen erhielt bis zu seinem frühen Tod bei einem Bootsunglück 1872 königliche Zuwendungen, die auch für seine Nachkommen bis ins Jahr der verheerenden Inflation 1923 vom seit 1866 exilierten Haus Hannover aufrecht erhalten wurden. Das jetzige Denkmal ist eine Nachbildung aus dem Jahre 2002, das Original und vier dazugehörige Medaillons zerfielen 1938 bei einer versuchten Umsetzung.

Cumberland-Denkmal

Kreuzung Birkenweg und Richthofenstraße

Zwischen dem Bahnhof Stelldichein und dem Cumberland-Denkmal führt ein Weg zur Oderstraße und an der Lippestraße zur **Alten Meierei**. Sie ist eine großzügige moderne Gaststätte im historischen Gewand. Ihren Ursprung hat sie darin, dass Norderney durch Witterungseinflüsse oder machtpolitische Verwerfungen jederzeit vom Festland abgeschnitten werden konnte. Über eine Molkerei auf der Insel selbst sollte daher die Versorgung der Inselbevölkerung mit Milchprodukten auch unter schwierigsten Bedingungen aufrechterhalten werden. Sie lag abseits des Ortes in den Wiesen und Weiden und unterhielt bis zu 45 Milchkühe.

Die Gaststätte verfügt über einen lichten Innenbereich, einen Saal und eine Terrasse. Hier kann auch einmal eine größere Radler- oder Wandergruppe eintrudeln. Mittlerweile markiert die Meierei die Grenze der dichteren Besiedlung, jenseits derer es nur noch einige wenige bauliche Einsprengsel in der Landschaft gibt.

Alte Meierei

Lippestr. 24, www.meine-meierei.de, Öffnungszeiten: täglich von 11 bis 22 Uhr, außer Mo. Eine Aussichtsdüne jenseits der nahegelegenen Schießsportanlage ermöglicht einen Überblick und ersten Eindruck von der Landschaft in der Zwischenzone.

Nach einer Rast in der Meierei beginnt der Rückweg auf der Lippestraße nach Norden an der Allergie- und Hautklinik vorbei zum Nordbadestrand. Am Wasser geht man bis zur Thalasso-Aussichtsplatform, die wegen ihres Aussehens den volkstümlichen Namen Thalassogalgen bekommen hat, und begibt sich zur Emsstraße, der man nach

Eine Meierei lädt zur Rast

Westen folgt. Am AWO-Kurheim biegt man nach Süden in die Bürgermeister-Willi-Lührsstraße ab. Noch bevor man das weithin sichtbare Kap erreicht hat, führt ein Weg nach links zu einem Gebäude mit einer kleinen Kuppel, der **Wilhelm-Dorenbusch-Sternwarte**.

Wenn man an einem klaren Tag am Nordstrand im Schutz einer Düne den Einbruch der Dunkelheit abwartet, erlebt man etwas, was man in der Stadt möglicherweise noch nicht einmal ahnt: Sterne, die in unglaublicher Fülle den Nachthimmel übersäen. Wer nun Feuer gefangen hat, sollte sich zwischen März und November dienstags vor 19 Uhr (keine Voranmeldung möglich) an der privat betriebenen Sternwarte einfinden.

Wilhelm Dorenbusch begann sich bereits Mitte der 1950er Jahre um ein erschwingliches Gerät zu kümmern, mit dem man den nächtlichen Himmel beobachten konnte. 1962 genehmigte die Stadt den Bau einer Sternwarte. Im Laufe der Jahre wurden die eingesetzten Geräte immer ausgefeilter und auch die Möglichkeiten, Beobachtetes medial aufzuzeichnen immer besser. 1992 gründete sich ein Astronomischer Arbeitskreis Norderney mit anfangs vier Mitgliedern. Mittlerweile ist die Sternwarte eine Institution, die Führungen, Vorträge und Ratschläge für Astronomieinteressierte aller Art bereit hält – auch für diejenigen, die Genaueres über die technischen Möglichkeiten und Anlagen wissen wollen.

Wilhelm-Dorenbusch-Sternwarte
Kontakt: Am Kap 32, Tel.: 04932-860265,
www.sternwarte-norderney.de

Bevor man zum Kap hinaufgeht, kann man auf der linken Seite über einen Zaun hinweg ein privates **Tierasyl** besichtigen. Es sind wunderliche Fundstücke, die auf dem eingezäunten Grundstück östlich des Kaps versammelt sind: Ein ausgestopfter Fuchs beäugt chinesische

Winkekatzen, ein Spion fotografiert konspirativ aus der Tonne, eine schicke Puppe steht im Telefonhäuschen und Tauben gurren an ihrem Schlag. Der Besitzer hat vor zwei Jahrzehnten mit Hühnern angefangen. Nach und nach hat man ihm vom Goldhamster bis zur Flugente Lebewesen übergeben, die man nicht mehr haben wollte oder irgendwo aufgelesen hatte. Man legte auch ungefragt Tiere bei ihm ab, denen er Asyl gewährte und, wenn möglich, sogar passende Partner besorgte. Selbst ungeliebte Gartenzwerge fanden eine Heimstatt, weil der leidenschaftliche Sammler auch für sie ein Herz hat. Dieses Tier- und Tüttelkramheim ist ein echtes Unikum.

Tierasyl
Bürgermeister-Willi-Lührs-Straße

Das Seezeichen der Insel

Gegenüber thront das **Kap** in der Höhe. Das Seezeichen Norderneys ist ein auf die Spitze gestelltes, großes, gleichseitiges Dreieck. Seit Mitte des 19. Jahrhunderts kann man Norderney vom Meer zweifelsfrei identifizieren – zumindest bei Tag und ohne Nebel. Ursprünglich auf einer 15 bis 17 m hohen Düne auf einem Holzgerüst montiert, wurde dieses »Kap« genannte Seezeichen 1870 auf einen 12 m hohen solideren Backsteinunterbau neu positioniert. Mit der Errichtung des Leuchtturms, der bereits ab 1878 den Schiffen auch nachts den Weg weisen konnte und spätestens mit dem Bau des höheren Wasserturms 1929 verlor das Kap seine verkehrsrelevante Funktion und wurde zum reinen Symbol für die Insel, die es seit 1928 auch im Wappen trägt.

Weil den Norderneyern dieses Symbol wert und teuer ist, wurde sein gemauerter, hexagonaler Unterbau, der den mit Sturm und Meersalz gewürzten Witterungseinflüssen ausgesetzt ist, noch zweimal von Grund auf erneuert: 1930 und 2015.

Kap
Bürgermeister-Willi-Lührs-Straße

Nördlich des Kaps führt die Benekestraße nach Westen an der evangelischen Genezarethkapelle und dem Seehospiz vorbei zur Ellernstraße. Diese geht weiter nördlich über in die Straße Am Januskopf. Rechter Hand befindet sich die **DWD-Wetterstation**. Der Deutsche Wetterdienst nutzte nach dem Zweiten Weltkrieg zunächst eine militärische Funkstation auf der Georgshöhe. Diese Station wurde 1981 komplett abgebaut und dafür wurde in einem Dünental in der Nähe eine neue Wetter-

Der Gedenkanker auf der Georgshöhe

station eingerichtet. Von ihr wird täglich vormittags und abends automatisch je ein mit Helium gefüllter Wetterballon bis auf 35 km Höhe in die Atmosphäre geschickt. Nach etwa zwei Stunden ist diese Höhe erreicht. Seine flexible Latexhülle zerplatzt dann wegen des übergroßen Innendrucks. Jeder Ballon führt einen Sender mit sich, der sechs Stunden lang seine wetterrelevanten Daten an die Station übermittelt. Mit einem Fallschirm gelangen die Sender wieder zur Erde zurück.

Bei einem schweren Orkan aus westlicher Richtung wurde ein Sender ungefähr 300 km, das ist der bisherige Rekord, bis in die Gegend von Schwerin abgetrieben. Der Deutsche Wetterdienst unterhält insgesamt acht Stationen dieser Art.

DWD-Wetterstation

An einem Weg an der Georgshöhe, der von der nordsüdlichen Straße Am Januskopf nach Osten abgeht.

An der Strandpromenade weiter nördlich kommt man zu einem Minigolfplatz. Westlich unmittelbar dahinter erhebt sich die **Georgshöhe**. Als Jugendlicher von 17 Jahren betrat der spätere König Georg V. von Hannover 1836 zum ersten Mal Norderney. Er sollte rund 30-mal wiederkommen. Er hat die Insel jedoch nie gesehen, denn sein linkes Auge erblindete in der Kindheit durch eine Krankheit, das andere verlor er 1833 bei einen Unfall.

Bei seinem ersten Aufenthalt wohnte er in der Georgstraße im Hause des Grafen von Knyphausen. In den folgenden Jahren wurde das zu einer Sommerresidenz ausgebaute Conversationshaus zu seinem herrschaftlichen Domizil. Als er 1851 den hannoverschen Thron bestieg, blieb die Insel sein bevorzugter Sommersitz. Spätestens zu diesem Zeitpunkt stieg Norderney zu einem mondänen Weltbad auf. Die deutschen Kanzler von Bismarck bis von Bülow kamen und auch Wilhelm II. machte als Kronprinz und Kaiser dem 1866 in preußischen Besitz gelangten Eiland seine Aufwartung.

Um ihre enge Verbundenheit mit ihrem welfischen Monarchen auszudrücken, gaben die Norderneyer der stadtnahen Höhe über den ehemaligen Herrenstrand seinen Namen, wie auch die Marienhöhe nach seiner Ehefrau benannt wurde.

Die Georgshöhe wurde im Laufe der Zeit für eine ganze Reihe von Funktionen genutzt. Zunächst war auf ihr eine Signalstation für die Seefahrt eingerichtet, mittels derer Sturmwarnungen an die passierenden Schiffe weitergegeben werden konnten. Nachts schwenkte man Petroleumlampen. Bei Nebel wurde stündlich eine Nebelkanone abgefeuert, die im Fischerhaus-Museum zu besichtigen ist.

Am Ende des 19. Jahrhunderts wurde in den Bauch der Georgshöhe ein Druckwasserbehälter eingebaut, um die Wasserversorgung der Inselbevölkerung sicherzustellen. Er befindet sich immer noch unter dem Aussichtspunkt, auch wenn er nicht mehr genutzt wird, weil der Wasserturm seine Funktion übernommen hat.

Im Zweiten Weltkrieg diente die Georgshöhe als Marinesignalstelle. Von 1947 bis 1981 betrieb der Deutsche Wetterdienst auf ihr eine Wetterwarte. Augenfällig auf der Höhe ruht ein großer Stockanker, der zum Gedenken an die auf See gebliebenen Fischer und Seeleute der Insel ausgelegt wurde. Er ist ein Fundstück aus dem Meer vor der niederländischen Stadt Den Helder, geborgen im Jahre 1937, und sein Herstellungsdatum wird auf die Zeit der ausgehenden Hanse vor mehr 400 Jahren angesetzt.

Die Büchertauschvitrine am Onnen-Visser-Platz

Georgshöhe
Am Januskopf

Man könnte nun auf der Strandpromenade Richtung Westen an der Kaiserwiese vorbei immer mit Ausblick auf den Strand, das Meer und die Buhnen zur Marienhöhe zurückkehren. Wer aber noch eine Lektüre für den Abend sucht, geht besser auf der Lucius- und der Knyphausenstraße zum **Onnen-Visser-Platz** mit der Büchervitrine gleich beim Polizeirevier der Insel.

Der Roman »Onnen Visser, der Schmugglersohn von Norderney« von Sophie Wörishöffer war offensichtlich sehr erfolgreich (siehe Kasten), sodass man auf der Insel einen dreieckigen Platz nach ihm benannte. Aber nicht nur das: Man stellte auch eine große Vitrine auf, der man Bücher jeglicher Art zum Lesen auf dem Platz, am Strand oder zu Hause entnehmen kann. Gerne darf man auch gelesene Bücher wieder zurückbringen oder neue eigene dazustellen.

Wer noch, bevor der Rundgang zu Ende geht, ein besonderes Bauwerk be-

Onnen Visser, Schmugglersohn von Norderney

Ihre Jugend- und Abenteuerbücher haben Generationen von jungen Lesern in ihren Bann gezogen und waren echte Verkaufsschlager weit über die wilhelminische Ära hinaus. Die erfolgreiche Hamburger Autorin Sophie Wörishöffer (1883–1890) veröffentlichte 1885 ihr sechstes »Knabenbuch« unter dem Titel »Onnen Visser, der Schmugglersohn von Norderney«. Die Geschichte spielt zur Zeit der napoleonischen Besetzung Norddeutschlands und beginnt auf Norderney, als während der Kontinentalsperre Schiffer und Fischer der Insel englische Waren nach Emden und anderen Orten des deutschen Nordens schmuggelten. Die Erzählung führt bis ins brennende Moskau, nach Odessa und über das Meer, Hamburg, Bremen und Emden wieder zurück nach Norderney.

Tatsächlich stammt der Nachname des jugendlichen Helden aus der Region und war nicht ungewöhnlich auf Norderney zur Zeit der Entstehung des Romans. Auf einer Quartierliste aus der Mitte des 19. Jahrhunderts kommt er rund 15 mal vor. Eine Familie Visser war es auch, die den Vorläufer der heutigen »Giftbude« am Weststrand gegründet hatte.

Soweit man weiß, hat Sophie Wörishöffer ihre engere norddeutsche Heimat nie verlassen. Dazu reichten ihre finanziellen Verhältnisse nicht aus, denn sie verlor früh ihren Ehegatten und war alleinerziehende Mutter. Ihre Ortskenntnisse und Landschaftsbeschreibungen verdankte sie Geografiebüchern und Reiseberichten, ähnlich wie der frühe Karl May. Kistenweise erhielt sie von ihrem Verlag Velhagen & Klasing landeskundliche und historische Illustrationsvorlagen für die Produktion der Bücher. So entstanden umfangreiche Bände von bis zu 600 Seiten mit ganzseitigen Illustrationen in hochwertiger Ausstattung mit Leineneinband und Goldprägung, die ihren Preis hatten und vor allem von Jugendlichen aus dem gehobenen Bürgertums begeistert gelesen wurden.

Sophie Wörishöffer schrieb, unterstützt von ihrem Verlag, entweder unter einem Pseudonym oder verkürzte auf ihren Büchern ihren Vornamen auf das Initial »S.«, sodass der Eindruck entstehen sollte, die Schriftstellerin sei ein Mann. Sie wurde deshalb auch in den Feuilletons »der Karl May von Altona« genannt. Im Gegensatz zu Karl May kennen sie heute nur die wenigsten, auch wenn viele ihrer Bücher – ungeachtet ihrer aus heutiger Perspektive strittigen und fragwürdigen Weltsicht – immer wieder neu aufgelegt worden sind.

sichtigen möchte, biegt auf der Friedrichstraße in die Goebenstraße ein. Dort befindet sich die katholische **Stella-Maris-Kirche**. Im Stil der Neuen Sachlichkeit ließ sich die katholische Gemeinde von Norderney 1931 von Dominikus Böhm (1880–1955), einem Architekten aus den Kölner Werkschulen, ein Gotteshaus erbauen. Die Stella-Maris-Kirche ist die größte katholische Kirche Ostfrieslands und steht unter Denkmalschutz. Äußerlich erkennt man sie nur als Kirchengebäude, weil ihr ein großes Kreuz zur Seite steht. Im Innern an der Altarwand hängt ein Bildnis der Jungfrau Maria mit Kind, die über einer stilisierten Ansicht der Insel Norderney schweben, wie der namengebende Stern des Meeres (»Stella Maris«). Der Maler Richard Seewald (1889–1976), der ebenfalls Mitglied der Kölner Werkstätten war, hat das Ölgemälde im Jahr der Fertigstellung der Kirche gemalt. Zu erkennen sind neben dem strahlenden Leuchtturm, das Kap, die Windmühle und die Postbake im Osten der Insel.

Die Stella-Maris-Kirche im Stil der Neuen Sachlichkeit

Stella-Maris-Kirche
Goebenstr. 1a, www.katholische-pfarrengemeinschaft-kueste.de

3. Rundgang: Von der Inselkirche zum Hafen und zurück

Der dritte Rundgang führt aus dem Zentrum des Ortes heraus über Teile der Strandpromenade zum Hafen und in einer großen Schleife wieder zurück ins Zentrum. Ausgangspunkt ist ein historischer sakraler Bezirk, bestehend aus der **Inselkirche**, dem Inselfriedhof, dem Lutherdenkmal und dem Martin-Luther-Haus.

Obwohl die Insel erst in der frühen Neuzeit besiedelt war (1550 wurden zum ersten Mal 16 Häuser und 80 Einwohner erfasst), gab es spätestens mit Beginn des 16. Jahrhunderts an der Stelle der heutigen evangelischen Inselkirche eine Art Gotteshaus. Es bestand aus zwei nebeneinander stehenden Gebäuden, »einem breiten niedrigen im Osten und einem schmäleren höheren im Westen. Der westliche Teil war sehr viel älter als der östliche und hatte sehr dicke Mauern« (Benno Siebs in: »Die Norderneyer – Eine Volkskunde«). Im breiten Gebäude hielt man wohl Gottesdienste ab. Das hohe Gebäude, das schon 1420 erwähnt wird, machte einen wehrhaften Eindruck und diente bei Seeräuberüberfällen als Rückzugsmöglichkeit für die wenigen Bewohner. Zudem ließ sich hier das eingesammelte Strandgut sicher lagern.

Der turmartige Aufbau soll für den Kriegsfall, laut einer Quelle aus dem Jah-

Eines der Votivschiffe in der Inselkirche

re 1697, mit einer kleinen Besatzung und einem Geschütz versehen gewesen sein. Außerdem diente er sicherlich als Orientierungspunkt für die Seefahrt. 1750 war die Gemeinde soweit angewachsen, dass die »Turmkirche« durch einen Backsteinanbau auf die nötige Größe erweitert werden musste. Nach rund 130 Jahren und einer um das Dreifache auf rund 1500 Mitglieder angewachsenen Gemeinde wurde schließlich das alte und zu kleine Gebäude auf Abbruch verkauft.

Eine Rolle spielte auch, dass es seinerzeit unter den Kurgästen noch eine große Zahl an Kirchgängern gab, die man willkommen heißen wollte. An der Stelle des abgerissenen Gotteshauses wurde 1879 eine neogotische Backsteinkirche errichtet, etwa so wie sie sich heute noch in ihrer äußeren Gestalt darbietet. Sie wurde, wie eine Marmortafel anzeigt, am 50. Hochzeitstag des Kaiserpaares eingeweiht, zum Dank für eine Spende Kaiser Wilhelms I., der 50.000 der anfallenden 88.000 Reichsmark für den Bau gespendet hatte.

Das Altarbild stammt noch aus dem 17. Jahrhundert, die Orgel von Harm Kirschner ist relativ neu und wurde 2008 eingeweiht. Ausgezeichnete Orgelkonzerte sorgen regelmäßig für ein gut besuchtes Gotteshaus. Bemerkenswert sind noch die im Kirchenschiff schwebenden Votivschiffe, die man auch in anderen Kirchen von Fischer- und Schifferorten aufgehängt hat. Sie symbolisieren das Leben (Schiff in voller Takelung) und das Sterben bzw. den Tod (Schiff ohne Takelung).

Südlich der Kirche steht der Reformator Martin Luther auf hohem Sockel und verweist auf die Heilige Schrift in seiner Hand. Das Standbild wurde am 10. November 1883 anlässlich des 400. Geburtstages des religiösen Rebellen errichtet. Der Bildhauer Bernhard Högl aus Oldenburg war sein Schöpfer.

So wie die Inselkirche und das Lutherdenkmal steht auch der alte Insel-

Die Villa Belvedere – sommerliches Zentrum deutscher Diplomatie

friedhof mit seinen wenigen in Gruppen zusammengefassten Grabstellen und den dort sprießenden Bäumen unter Denkmalschutz. Eines der Gräber geriet 2014 noch einmal in den Fokus des öffentlichen Interesses. Es beherbergt die sterblichen Überreste eines 22-jährigen Matrosen der österreichischen Marine namens Giovanni Velcich. Er war kroatischer Herkunft. Dieser junge Mann kam auf nie geklärte Weise auf See ums Leben und wurde 1864 am Strand von Norderney angeschwemmt. Unter der Beteiligung aller Insulaner begrub man ihn feierlich auf dem Inselfriedhof, der ein gutes Jahrzehnt später bereits geschlossen wurde. Zum 150-jährigen Todestag ließ der Verein Österreichisches Schwarzes Kreuz, in etwa vergleichbar mit der deutschen Kriegsgräberfürsorge, das gusseiserne Grabkreuz renovieren und mit einer Zeremonie an das Schicksal des Ertrunkenen erinnern. Das Martin-Luther-Haus südlich der Kirche ist das Gemeindebüro und führt einen Weltladen.

Inselkirche, Inselfriedhof, Lutherdenkmal, Martin-Luther-Haus

Kirchstr. 3 und 11

Auf der südlich vom Luther-Haus querenden und zur Fußgängerzone erklärten Strandstraße führt der mit diversen Läden gesäumte Weg nach Westen. Links im Damenpfad zu sehen ist der innerstädtische Ausschank des Norderneyer Brauhauses, dessen Braustätte sich im Gewerbegelände südlich der Alten Meierei befindet. Die Strandstraße führt unmittelbar auf die Promenade am Weststrand. Rechter Hand befindet sich die **Villa Belvedere**.

Norderney war nicht nur in den Zeiten des Königtums Hannover eine beliebte Sommerresidenz des Monarchen. Auch der deutsche Reichskanzler Graf Bernhard von Bülow (1849–1929) war ab 1900 ein ständiger Sommergast und verwandelte die Insel während der Saison zum kurzzeitigen Dreh- und Angelpunkt der deutschen Politik. Er residierte mit seiner Gattin in der Villa Fresenia, der heutigen Villa Belvedere. Dort empfing er beispielsweise im Sommer 1904 den Vorsitzenden des russischen Ministerrates, den Grafen Sergej Juliewitsch Witte, zu Verhandlungen über ein bilaterales Wirtschaftsabkommen, das auf der Insel nach zähem Ringen auch zustandekam. Bülows Gattin, eine geborene Prinzessin von Camporeale, ließ jeden Sommer ihren Bechstein-Flügel in die Villa bringen und gab als versierte Pianistin und Liszt-Schülerin musikalische Soireen im kleinen Kreise. Das Gebäude wurde um 1870 im Stile der englischen Tudor-Gotik errichtet und besticht durch seine Lage am Weststrand mit freiem Blick aufs Meer.

Villa Belvedere

Viktoriastr. 13, beim Zugang der Strandstraße zur Strandpromenade

Eine weitere Bülow-Residenz ist die **Villa Felicitas**, die dem Reichskanzler als Gästehaus diente. Ihr heutiges Aussehen geht auf eine Umstrukturierung im Jahre 1907 zurück, als der Jugendstil in Mode war. Sie steht etwas zurückgesetzt und liegt abends im Schatten der modernen Bauten. Sie ist immer noch Gästehaus.

Villa Felicitas

Damenpfad 15, Tel.: 04932-891-300

An der Strandpromenade gen Süden stößt man auf ein museales Relikt der Seenotrettung, den **Rettungsbootschuppen**. 1862 gab es auf Norderney eine erste Seerettungsstation im Westen der Insel. 1868 wurde eine zweite im Osten auf der Höhe des Leuchtturms eröffnet, später aber wieder aufgegeben. Der zum Museum umgebaute Rettungsbootschuppen am Weststrand stammt aus dem Jahre 1892. Sein wertvollster Schatz ist das etwa neun Meter lange Rettungs- und Ruderboot »Fürst Bismarck« mitsamt dem Bootswagen, mit dem es zu Wasser gelassen wurde. Das Boot hat in der Außenhaut aus Stahlblech Luftkammern und einen um den Holzrumpf gelegten Korkring. Es gilt deswegen als unsinkbar. Es wurde mit der Kraft von elf Ruderern durch die Wogen vorangetrieben und war von 1893 bis vermutlich um 1927 im Dienst. 1975 ist es das letzte Mal zu Wasser gelassen worden. Es wurde nur einmal ernsthaft beschädigt.

Außer der »Fürst Bismarck« sind noch eine ganze Reihe weiterer Rettungsgeräte zu besichtigen. Dazu gehören Signalhörner, eine Leinenrakete, Korkwesten und eine Hosenboje. Im später aufgesetzten Stockwerk werden gelegentlich Filme über das Seenotrettungswesen gezeigt.

Der museale Rettungsbootschuppen am Weststrand

Das Haus am Weststrand im Stil der Gründerzeit

Die jetzige Seenotrettungsstation befindet sich im Hafen. Der aktuelle Seenotrettungskreuzer »Eugen« wurde 2009 gebaut und hat die bisherige »Bernhard Gruben« 2018 abgelöst.

Rettungsbootschuppen

Am Weststrand 5, www.seenotretter.de

Ein Kleinod der Bäderarchitektur ist das unübersehbare **Haus am Weststrand**. Kaum ein Gebäude strahlt in der vollen Sonne mehr südliche Urlaubsstimmung aus als dieses. Sein leuchtendes Weiß, seine eleganten neoklassizistischen Proportionen und seine erhabene und leicht abgesetzte Lage prädestinieren dieses Gebäude zu einem Aushängeschild der Insel.

Als Villa Hanebuth wurde es 1893 in einer der schmuckvolleren Varianten des Gründerzeitstils erbaut. Die namengebende Louise Hanebuth, die die Villa in Auftrag gegeben hatte, war die Ehefrau des damaligen königlichen Badeinspektors.

Nach dem ersten Weltkrieg 1921 ging die Villa in den Besitz der Stadt Gladbeck über, die es in ein Kinderheim verwandelte. 1972 erwarb das nun »Haus am Weststrand« genannte Gebäude der evangelische Kirchenkreis Hattingen-Witten und machte ein Erholungsheim mit angeschlossener Tagungsstätte daraus. Es bietet zusammen mit dem kleinen Haus insgesamt 28 Doppel- und 24 Einzelzimmer mit Vollpension inklusive an.

Haus am Weststrand

Am Weststrand 1, Tel.: 04932-84060, für Buchungen: Tel.: 04932-9914970, www.haus-am-weststrand.de

Wieder ein paar Schritte weiter auf der Promenade nach Süden befindet sich ein Lokal, die **Giftbude**. Hinter dem ersten Namensbestandteil dieses Cafés und Restaurants, der wie für einen Krimi ausgedacht scheint, verbirgt sich die Übersetzung des englischen Wortes (und wohl auch einer niederdeutschen

Version) für »Geschenk«. In den Anfängen der Giftbude, die gut 160 Jahre zurückliegen, gab es gelegentlich in dem damals noch hölzernen Einkaufs- und Speisepavillon sogenannte »Insulanertage«, bei denen die Einheimischen festlich schmausten und die Kurverwaltung einen Teil ihrer Rechnung übernahm, daher das Gift im Namen. Wer den Weg der beiden Protagonisten in Friedrich Spielhagens Roman »Stumme des Himmels«, dessen erster Teil auf Norderney spielt, verfolgt, wird sich über die darin angegebene Lage der Giftbude wundern, denn sie stand im 19. Jahrhundert noch nicht an der heutigen Stelle, sondern über dem Strand an der Georgshöhe.

Giftbude

Am Weststrand 2, Tel.: 04932-991372, www.giftbude.de

Als nächstes geht es weg von der Promenade ins Inselinnere zu dem **Bademuseum** und der angeschlossenen **Galerie am Weststrand**. Noch bevor man das Bademuseum betritt, wird man mit einem Norderneyer Superlativ konfrontiert. Vor dem Museum steht eine Wellenmaschine, die 1931, mitten in einer der größten Rezessionen der Weltwirtschaft, in das erste Seewasser-Wellenbad Europas installiert wurde. Die mit 90 PS angetriebene Maschine konnte Wellen von bis zu 1,80 Metern Höhe erzeugen. Das Wasser des Bades wurde mithilfe zweier Pumpen aus der Nordsee angesaugt, durch Filter gereinigt und für die Badegäste erwärmt.

Im Museum selbst geht es um die Badelust und wie sie sich in allen Facetten auf Norderney entwickelt hat. Vom Kurbad des Adels bis zur Sommerfrische für jedermann, vom klobigen Reisekoffer bis zur neckischen Bademode sind alle denkbaren Aspekte des Freizeit- und Heilbadtourismus und seiner Organisation in historischen Bildern, authentischen Gebrauchsgegenständen und Andenken zu besichtigen. Ein ausleihbarer Audioguide führt in einer Stunde durch die ständige Ausstellung.

Ein Lokal mit langer Tradition

Daneben gibt es immer wieder Sonderausstellungen und im Keller ein weiteres industrielles Relikt, das einen Besuch für technisch Interessierte lohnt. Es handelt sich dabei um eine voll funktionstüchtige Druckmaschine mit allem Zubehör aus dem non-digitalen Zeitalter. Wer will, kann sich für einen

Historischer Badekarren am Fischerhausmuseum

Kurs anmelden, um als Drucker an der »Heidelberger Tiegel« genannten Maschine sein Briefpapier mit individuellem Briefkopf herzustellen.

Die Galerie am Meer bzw. am Weststrand, die in einem Seitentrakt des Museums untergebracht ist, stellt die Werke Norderneyer Maler aus, die man nicht unbedingt aus dem eigenen Kunstunterricht kennt, es sei denn man stammt aus der Region. Zu diesen Malern gehören der Marinemaler Poppe Folkerts (1875–1949) und Hans Trimborn (1891–1979). Letzterer hat beispielsweise zweimal die Decke des Cafés Marienhöhe ausgemalt.

Oben: Die Wellenmaschine vor dem Bademuseum
Mitte: Hochzeitsstube
Unten: Teestube am Fischerhausmuseum

Bademuseum und Galerie am Weststrand

Poppe-Folkerts-Weg 3b, Tel.: 935422, www.museum-norderney.de

Als nächstes taucht man in das Argonner Wäldchen ein, in dem sich das **Fischerhaus-Museum** befindet. Ein Berliner Architekt namens Erich Tettenborn hatte die Idee, auf Norderney ein Heimatmuseum zu gründen. Er brauchte dazu jedoch einen langen Atem. 1924 initiierte er das Projekt mit einer Zeichnung, auf der ein Fischerhaus, wie es seit 250 Jahren auf Norderney welche gab, als Museumsgebäude abgebildet und vorgeschlagen wurde.

Auf der Insel forderte man, noch bevor das Haus überhaupt stand, die Bewohner auf, ihren traditionellen Hausrat und andere Gebrauchsgegenstände, derer sie nicht mehr bedurften, an Sammelstellen abzugeben.

Pfingsten 1937 schließlich konnte das Fischerhaus-Museum unter der Leitung des Heimatvereins für die Besichtigung freigegeben werden. Seither kann man sich hier über das Inselleben einst und jetzt ein Bild machen und die gespendeten Gegenstände bestaunen.

Fischerhaus-Museum

Weststrandstr. 1, Tel.: 04932-82503, www.heimatverein-norderney.de

Ein Häuschen weiter erreicht man die **Hochzeitsstube**. Wer für sein weiteres Leben einen neuen Weg einschlagen möchte, kann in der niederdeutschen »Hochtiedsstuv« die standesamtliche Ehe eingehen, mit Verwandten und Freunden feiern und die Hochzeitsnacht verbringen. Wer zur Hochzeitsfeier jedoch einen großen Saal braucht, kann bei der Kurverwaltung den Weißen Saal im Conversationshaus mieten (Tel.: 891168). Darüber hinaus gibt es auch die Möglichkeit, sich in einem historischen Badekarren am Weststrand unter freiem Himmel das Eheversprechen zu geben.

Hochzeitsstube

Hochzeitsstube über das Standesamt Norderney, Tel.: 04932-920215

Wenn man das Argonner Wäldchen verlässt und der Weststrandstraße nach Osten folgt, erreicht man die neu gestaltete **HS2 Passage**. Das ursprünglich »Haus Schiffahrt« genannte Gebäude hat seine historische Fassade und äußere Form weitgehend behalten, aber eine neue Bestimmung bekommen: Es ist in eine Ladenzeile mit Lokal umgewandelt worden. Bis zu dieser Umwandlung war das 1896 errichtete Gebäude der einzige »Bahnhof« in Deutschland, der nie über einen Gleisanschluss verfügte.

Das von der königlich-preußischen Bahndirektion für den Fahrkartenverkauf und die Gepäckabfertigung eingerichtete Haus Schiffahrt diente bis vor Kurzem auch der Reederei Norden-Frisia als Informationszentrum und als Ticketschalter.

HS2 Passage

Bülowallee 2, Tel.: 04921-9097100, www.hs2-norderney.de

Auf dem Weg nach Süden erreicht man über den Gorch-Fock-Weg das neue **Haus Schiffahrt** am Hafen. Seit Anfang 2018 wölbt sich der neue futuristisch anmutende Fähranleger aus Stahl, Beton und Glas wie eine silbern in der Sonne gleißende Düne am Meer. Er beherbergt das neue Kundenzentrum

Der ehemalige Bahnhof ohne Gleisanschluss mit neuer Funktion

Zu Besuch in den Watt Welten

Das Wattenmeer steht als Nationalpark unter Naturschutz und wurde 2009 als UNESCO-Weltkulturerbe ausgezeichnet. 10.000 Tier- und Pflanzenarten tummeln sich hier und für 10 Mio. Vögel ist das Watt ein Rastplatz, an dem sie sich für die Weiterreise in den Süden stärken.

Das im Hafenbereich gelegene Wattenmeer-Besucherzentrum **Watt Welten** hat es sich zur Aufgabe gemacht, seinen Gästen den Wert dieses schützenswerten Lebensraums näherzubringen und Groß und Klein einen unvergesslichen Besuch zu ermöglichen. Das, was man auf 600 m² Ausstellungsfläche zu sehen bekommt, ist nicht nur eine faszinierende, so facettenreiche wie einmalige Natur, sondern leider auch eine durch Rücksichts- und Gedankenlosigkeit äußerst gefährdete Umwelt.

Das Besucherzentrum des UNESCO-Weltnaturerbe Nationalparks Wattenmeer wurde 2015 mit einem neuen Gebäude und einer neuen Konzeption wieder eröffnet. Im Zuge der Renovierung wurde ein nachhaltiges Gebäudekonzept entwickelt, das nicht nur Energie einspart, sondern auch erneuerbare Energien einsetzt. Durch spezielle Wärmedämmung, Lüftungstechniken, Kühlung und Wärmeerzeugung aus regenerativen Energien ist das Gebäude ein Vorbild in Sachen nachhaltige Architektur. Das besonders gestaltete Äußere wird bekrönt durch einen großen künstlichen Vogel, den Mutige erklimmen können und dessen biologisches Vorbild, die Kornweihe, zu den seltensten und bedrohtesten Vogelarten in Deutschland gehört. Noch 1950 in ganz Norddeutschland heimisch, finden sich fast nur noch auf den ostfriesischen Insel Brutpaare dieses Greifvogels und das in abnehmender Zahl. 1997 gab es noch 55 dieser Paare. 2013 waren es nur noch 18. Es hat also seinen

Sinn, nicht durch ihre Brutgebiete zu streifen oder gar den Hund von der Leine zu lassen.

Die Ausstellung des Besucherzentrums ist interaktiv und behandelt die biologischen und geologischen Prozesse und die Biodiversität des Wattenmeers. Das Walten und manchmal Wüten der Natur wird ebenso thematisiert wie die Erfolge des Naturschutzes als auch die ökologischen Tiefschläge. In der gesamten Ausstellung lassen sich an den Stationen kleine spielerische Rätsel lösen und Spiele spielen, bei denen Punkte gesammelt werden können. In dem kleinen Shop lassen sich Andenken für zu Hause finden.

Besonders für Familien mit Kindern ist der Besuch ein Erlebnis. Aber auch alle anderen kommen auf ihre Kosten. Fast täglich finden spannende Veranstaltungen statt, die dazu einladen, sich mit den Lebewesen im Watt und Meer zu beschäftigen und sich einmal wie ein richtiger Wissenschaftler zu fühlen. Außerdem bieten die Watt Welten auch Exkursionen an, bei denen die Schönheit des Lebensraums Wattenmeer hautnah erlebt werden kann.

Tickets können online gebucht oder vor Ort gekauft werden. Für Schülerinnen und Schüler, Studierende und Personen mit Behinderung und im Rentenalter gibt es einen Rabatt. Gruppen und Schulklassen sollten sich im Voraus anmelden. Ebenso ist eine Anmeldung für die Veranstaltungen erforderlich.

Watt Welten

Am Hafen 2, Tel.: 04932-2001, E-Mail: info@wattwelten.de, www.wattwelten.de, Öffnungszeiten: täglich 10-17 Uhr, Oktober–Februar ist montags Ruhetag

Die einzige Windmühle der ostfriesischen Inseln

der Frisia-Reederei mit Auskunfts- und Fahrkartenschaltern, Büroräumen und Aufenthaltsbereichen. Hier können rund 1.200 Personen auf ihre Abfahrt warten. Außerdem lädt das Café Hygge zum genussvollen Kaffeeklatsch. Von einer kleinen Aussichtsterrasse aus kann man den Fähren und ihren Passagieren zuschauen und zuwinken.

Um zum Café und zur Aussichtsplattform zu gelangen, führt der Weg auf einem sogenannten Skywalk unter dem Dach an der östlichen Außenseite zum Molenkopf. Der Entwurf des Ganzen wurde vom Leerer Ingenieurbüro Lorek ausgearbeitet.

Haus Schiffahrt

Haus Schiffahrt und Fährterminal: AG Reederei Norden-Frisia, Am Hafen 1, Tel.: 04931-9870, www.reederei-frisia.de

Der Rundgang führt nun nach Osten am Tonnenhof vorbei im großen Bogen um den Hafen herum. Wenn er nicht gerade im Einsatz ist, liegt der Seenotrettungskreuzer »Eugen« am Kai. Im östlichen Bereich befindet sich der Jachthafen mit einer Segelschule. Die dahinter liegende Ausbuchtung des Wattenmeers wird als Revier der Surfschule genutzt. Im nördlichen Bereich der Bucht ist ein Lehrpfad angelegt mit Schautafeln über allerlei Wissenswertem über Salzwiesen. Seit kurzem gehört ein in die Bucht hinein ragenden solider Holzsteg dazu. Als nächstes durchquert man die Kleingärten des Schlickdreiecks und gelangt zu einer Mühle.

Die **Windmühle Selden Rüst** ist auf den ostfriesischen Inseln die einzige. Indirekt hängt ihre Entstehung mit dem Erfolg Norderneys als Seeheilbad zusammen. Ab Mitte des 19. Jahrhunderts lohnte sich der Betrieb einer eigenen Windmühle angesichts der steigenden Gästezahlen. Der Transport des Inselgetreides zu den Mühlen über das Watt und der Rücktransport des Mehls waren umständlich und teuer. Ihbe Lammers Hellmers, ein Müller vom Festland, erhielt 1862 vom königlichen Amt in Aurich die Genehmigung, eine Windmühle zu errichten. Es wurde ein sogenannter Galerie-Holländer, bei dem sich nicht der ganze Körper der Mühle in den Wind dreht, sondern lediglich die Kappe.

Die Mühle hat noch ein weiteres Alleinstellungsmerkmal: Kein anderes Gebäude auf Norderney ist reetgedeckt. An Tagen mit starkem Wind konnten bis zu fünf Tonnen Getreide gemahlen werden. Der Name »Selden Rüst« bot sich an, denn die Mühle war in der Regel Tag und Nacht »rastlos« in Betrieb. Hundert Jahre lang versorgte sie die Insel mit Weizen-, Roggen- und Gerstenmehl, bevor sie eingemottet und unter Denkmalschutz gestellt wurde. Vorher schon,

Der neue Fähranleger: windschlüpfrig und formschön

1951, war ihr ein Flügel geborsten und kurz darauf im selben Jahr rettete die Inselfeuerwehr die Mühle, als bei einer Reparatur ein Feuer ausbrach. Heute gehört sie zur »Niedersächsischen Mühlenstraße«.

Mittwochs während der Sommersaison drehen sich zwischen 10 und 12 Uhr ihre Flügel zur Freude der Besucher. Eine Gaststätte mit Außenbereich lädt zum Mahl oder auch zu Kaffee und Kuchen.

Windmühle Selden Rüst

Marienstr.: 24, Tel. des Lokals: 04932-2006, www.muehle-norderney.de

Bevor man den Rückweg ins Zentrum antritt, kann man zur Linken der Marienstraße durch den neuen Kurpark am Gondelteich flanieren oder die dortigen Fitnessgeräte ausprobieren. Wer mit Kindern unterwegs ist, wird sich im Spielpark Kap Hoorn jenseits des Teichs umschauen. Oder man geht nördlich der Marienstraße durch den alten Kurpark mit dem Schwanenteich und der **Napoleonschanze**.

Norderney wurde während der sogenannten Franzosenzeit zu einem kleinen Baustein in der strategischen Ausrichtung des von Napoleon dominierten Kontinents gegen England aufgerüstet. Ab 1806 galt die vom Imperator erlassene Kontinentalsperre, die jeglichen Handel mit Großbritannien unterbinden und damit dessen Wirtschaft und dessen politische Macht in die Knie zwingen sollte. Zur besseren Durchführung brachte Napoleon Ostfriesland und seine Inseln 1810/11 unter die eigene Herrschaft und baute Küstenstellungen aus. Sie sollten vor einer befürchteten englischen Invasion schützen und gleichzeitig den kurz nach der Sperre einsetzenden Schmuggel, der über die 1807 von den Engländern besetzte Insel Helgoland abgewickelt wurde, ausschalten.

Da man durch die Handelssperre die wirtschaftlichen Grundlagen der Schiffer und Seeleute der Insel untergrub, sahen viele Norderneyer im Schmuggel ihre einzige Einkommensquelle. Erwischte Schmuggler wurden mit dem Tod bestraft, dennoch operierten von Helgoland aus bis zum Ende der Kontinentalsperre bis zu 140 Händler von Konterbande.

Als Besatzung wurden bis zu 300 französische Soldaten auf Norderney stationiert. Sie wurden im Kurhaus und anderen größeren Gebäuden untergebracht. Ihr Magazin und Waffenarsenal lagerte man im Badehaus ein. Die Bürger Nordens und Norderneys wurden zu Schanzarbeiten verpflichtet. Das Resultat, die Napoleonschanze, lag damals keine 50 Meter vom Südstrand entfernt und sollte die über das Watt erwartete Invasion und den möglichen Raub der im Süden der Insel ankernden Schiffe verhindern. Vier Kanonen waren auf das Watt gerichtet.

Der Aushub ist heute mit dem Wasser eines Schwanenteichs gefüllt. Der Innenraum der nur noch in Relikten erhaltenen Schanze mit den später aufgestellten Steinquadern, die als Bänke dienen, wird in den Sommermonaten als Freiluftkirche genutzt.

Ein weiteres Überbleibsel auf dem Gelände ist ein Betonbunker aus dem Ersten Weltkrieg. Ein Mahnmal erinnert an die Toten dieses Krieges. Ein unscheinbarer, nun bemooster Hindenburg-Stein wurde 1917 zu Ehren des Feldherrn und späteren Reichspräsidenten der Weimarer Republik, der Hitler zum Reichskanzler ernannte, ins Gras neben eine mittlerweile gefällte Hindenburg-Eiche gelegt. Hindenburg hatte 1895 mehrere Wochen in der Norderneyer Sommerfrische verbracht. Im Dritten Reich sollte in der Schanze eine Gedenkstätte der SA entstehen, ein großer Steinquader ist davon noch übrig.

Napoleonschanze
Teil des Kurparks zwischen Garten-, Mühlen- und Marienstraße

Raum für eine Freiluftkirche inmitten der Napoleonschanze

Ausflugsziele im Inselosten

Die folgenden Ziele befinden sich alle im Osten der Insel zwischen der Meierei und dem Wrack am Ostende. Ein Ausflug in die naturgeschützte Oase der Ruhe lohnt sich, denn es gibt viel zu entdecken!

Tierfriedhof

Die Liebe der Menschen zu ihren Haustieren reicht wie die zu ihren Mitmenschen offensichtlich über das irdische Dasein hinaus. Auf Norderney manifestiert sie sich für das geliebte Haustier in einem **Tierfriedhof** auf einer flachen Düne nördlich einer Straße in der sogenannten Zwischenzone. In Bildern, Statuetten, Blumen, Kerzen, Kuscheltieren und Sinnsprüchen wird an das von uns gegangene Wesen erinnert. Die Gräber sind liebevoll gestaltet und dekoriert, um an das Tier zu erinnern. Seit 1987 ist das hier so üblich. Ein Jahrzehnt davor hat man hier noch Pferde unter die Erde gebracht. Der Tierfriedhof hat keinen offiziellen Status, er ist geduldet und bei den Inselgästen beliebt.

Jeder kann hier seinen Goldhamster oder seinen Wellensittich kostenlos und ohne Gestaltungsvorschriften zur letzten Ruhe bestatten. Die einzige Bedingung besteht darin, dass genügend Erde über der Leiche aufgehäuft wird, damit sie nicht von anderen, weniger auf Pietät gestimmten Tieren wieder ausgescharrt werden kann.

Tierfriedhof
Karl-Rieger-Weg

Südstrandpolder

Der **Südstrandpolder** ist der westlichste Ausläufer der Ruhezone beziehungsweise der Schutzzone I des Nationalparks »Niedersächsisches Wattenmeer« auf Norderney.

Das sich in seiner Länge auf ungefähr 1500 Meter erstreckende Rechteck kann mit dem Fahrrad umfahren oder zu Fuß umwandert werden. Auf dem Südteich lädt eine Beobachtungshütte zum störungsfreien Blick auf die Vogelwelt ein. Der Polder ist von Sielen durchzogen und beherbergt zwei Salzwasserteiche. Zahlreiche Vogelarten sind heimisch geworden, darunter auch der wegen seiner Schnabelform so genannte Löffler.

Als besondere Sehenswürdigkeit können in jedem Frühjahr und jedem Herbst die Flugschau von Schwärmen mit bis zu 300.000 Staren mitverfolgt werden. Ihre Nahrung holen sie tagsüber aus dem Watt, ihre Schlafgelegenheit suchen sie innerhalb der Deiche des Polders.

Ursprünglich sollte hier kurz nach Beginn des Zweiten Weltkriegs eine Einsatzbasis für Militärflugzeuge geschaffen werden. Nachdem die Invasion Englands durch deutsche Truppen zunächst zurückgestellt und schließlich abgeblasen wurde, überließ man das eingedeichte Terrain der Natur. Bis zu 95 Vogelarten brüten hier nun und in der übrigen Ruhezone. Seit 1961 gehört der Südstrandpolder zum Naturschutzgebiet und seit 1986 zur Ruhezone des Nationalparks. Der menschliche Eingriff kurz darauf bestand hauptsächlich in der Entnahme von Sand aus dem Polderbereich zur Verstärkung des Süddeichs und der Wiederherstellung der ursprünglichen Feuchtigkeitsvegetation.

Südstrandpolder
Östlich des Hafens und südlich des alten Postwegs

Planetenweg

Wer einmal symbolisch unser Sonnensystem durchmessen will, kann den **Planetenweg** abschreiten oder mit dem Rad abfahren. Im Verhältnis von eins zu einer Milliarde ist die Strecke von der Sonne bis zum entferntesten Planeten maßstabsgetreu auf einem Teilstück des alten Postwegs nördlich des Südpolders übertragen. Die Sonne und jeder ihrer Planeten sind durch eine Informationstafel bestückt. Darüber hinaus führt der Weg auch durch eine sehenswerte Landschaft, gleich ob die Sonne nun scheint oder der Regen verdrießlich nieselt.

Planetenweg
Wanderweg Alter Postweg am Südpolder

Freibewitterungsanlage

Auf dem Polder-Wattweg in der Nähe des Flugplatzes liegen hinter einer Umzäunung rund 800 verschiedenfarbige Platten im 45-Grad-Winkel nach Süden ausgerichtet in Reihen auf mehreren Gestellen. Mit nur wenig Fantasie lassen sich sogar regelmäßige Farbmuster entdecken. Bei dieser Anordnung handelt es sich um ein Prüfverfahren für Farben, deren Eignung für die Verwendung auf Verkehrszeichen und -schildern getestet wird. Wenn eine Farbe auf so einer Platte, nachdem sie drei Jahre lang der Norderneyer Witterung, sprich: Sonne, Salzluft, Sturm, Hagel, Kälte und Regenfällen ausgesetzt war, keine Spuren des Verschleißes zeigt, bekommt sie quasi ein Tauglichkeitssiegel und kann danach für die Verwendung auf Verkehrszeichen frei gegeben werden.

Hier werden Farben auf ihre Witterungsbeständigkeit geprüft

Freibewitterungsanlage
Südlich des Golfplatzes und etwa 400 m vor dem westlichen Ende der Landebahn des Flugplatzes

Wasserwerk II

Vom **Wasserwerk II** bekommt man nicht viel zu sehen, es ist zudem eingezäunt. Seine Funktion besteht darin, Wasser aus der unter dem Inselboden befindlichen Süßwasserlinse hoch zu pumpen, es zu filtern, zu entlüften und nach einer weiteren Filterung und Entlüftung schließlich zusätzlich zu entgasen. Das so vor allem von Schwefelwasserstoff gereinigte Wasser wird in den im Stadtgebiet befindlichen Wasserturm gepumpt und von dort in die Haushalte geleitet. Jährlich werden so 900.000 Kubikmeter Wasser der Linse entnommen, aufbereitet und zur Versorgung der Bevölkerung und der Betriebe weitergegeben.

Die Bildung der Süßwasserlinse, die in der Tiefe eine Höhe von rund 80 Metern hat, beruht darauf, dass die anfal-

Aussichtspunkte erlauben einen weiten Blick über das südliche Naturschutzgebiet

lenden Niederschläge, die in der Dünenlandschaft im durchlässigen Boden versickern, ein geringeres spezifisches Gewicht haben als das vom Meer und vom Watt her eingedrungene Salzwasser, weshalb dieses Regenwasser quasi auf dem Salzwasser lastet und sich nur unwesentlich mit ihm vermischt.

Eine weitere Besonderheit besteht darin, dass das Süßwasser der Linse nicht annähernd so verunreinigt wird wie das Grundwasser weiter Teile des Festlands. Da es auf der Insel keine Landwirtschaft von Bedeutung gibt, können weder Pestizide, noch Gülle oder Düngemittel in den Boden eingetragen werden. Das Trinkwasser der Insel liegt infolgedessen bei allen Grenzwerten weit unter der Gefahrenzone.

Die leichte Gelbfärbung kommt daher, dass in der Süßwasserlinse Ton- und Torfschichten eingelagert sind, deren »Abfärben« gesundheitlich keine negative Auswirkung hat. Damit der Kreislauf reibungslos funktionieren kann, entnimmt das Wasserwerk nie mehr Wasser als durch Niederschläge nachgeliefert wird, muss es im Übrigen auch nicht, da auch heute noch immer die Niederschlagsmenge die Entnahmemenge übertrifft.

Wasserwerk II

Etwa auf halber Strecke zwischen der Weißen Düne und dem Leuchtturm am Dünenweg

Flugplatz

Bis auf Spiekeroog haben alle bewohnten ostfriesischen Inseln einen **Flugplatz**. Der aktuelle auf Norderney wurde 1970 gegründet und ist für Motorflugzeuge und Motorsegler bis 5,7 t und für Hubschrauber und Ultraleichtflugzeuge bis 10 t Gesamtgewicht zugelassen. Selbst kleine Düsenflugzeuge und zweimotorige Propellermaschinen dürfen die 20 m breite und 1.000 m lange Start- und Landebahn aus Asphalt benutzen. Das rund 30 ha große

Strandkörbe hinter der Weißen Düne

Flugfeld liegt rund 2 m über dem Meeresspiegel. Da der Flugplatz über eine Nachtflugbefeuerung verfügt, kann er auch noch bei Dunkelheit angeflogen werden. Das Flugtaxi vom Flughafen Norden-Norddeich braucht zwischen fünf und zehn Minuten für den Flug. Zum Stadtkern sind es dann noch 4,5 km. Das Restaurant mit Außenbereich ist selbstverständlich auch für Nichtflieger geöffnet. Es bietet neben vorzüglichen Speisen einen herrlichen Blick auf das Flugfeld und auf Teile der Insel und des Wattenmeers. Einen besonders eindrucksvollen Auslug auf das Starten und Landen der Flugzeuge bietet die Aussichtsplattform des Leuchtturms.

Flugplatz

Am Leuchtturm 1a, Tel.: 04932-2455, www.flughafen-norderney.de, Tel. des Flughafenrestaurants: 04932-82121, www.flughafenrestaurant-norderney.de

Weiße Düne

Obwohl eher nordnordwestlich auf der Insel gelegen, heißt der wohl beliebteste und vermutlich schönste Badestrand der Insel **Ostbadestrand**. Für die Bewohner des Siedlungskerns liegt er natürlich in östlicher Richtung. Er erstreckt sich, wie es scheinen mag, schier endlos nach beiden Seiten zu Füßen der **Weißen Düne**. Das gleichnamige Lokal an der Düne ist deutlich Kult und es gibt kaum einen Urlauber, der nicht wenigstens einmal während seines Aufenthalts hier vorbeischaut.

Für den Abend muss man reservieren, mittags geht es meist ohne. In der Hochsaison ist allerdings damit zu rechnen, dass man vielleicht ohne Reservierung keinen Platz bekommt und etwas warten muss. Wer innen einen Platz findet, speist nicht nur vorzüglich, er kann auch die kunstvollen Gemälde mit Heroen des Sports und anderer Sparten betrachten.

Weiße Düne

Weiße Düne 1, Tel.: 04932-935717, www.weisseduene.com

Schlopp

Ziemlich genau auf der Hälfte des Mittelwegs zwischen der Postbake und der Peilbake auf der Möwendüne liegt der

Schlopp (oder Legde) Dieser ist nichts anderes als ein Priel, das je nach Tide mal mehr, mal weniger und mal gar nicht vollläuft.

Bei einer Sturmflut jedoch schneidet es den Osten der Insel vollständig von ihrem westlichen Hauptteil ab. Dann befindet man sich besser nicht im wilden Osten.

Bei normaler Flut und seit Tagen trockenem Wetter kann man dem Schlopp nach Norden hin ausweichen und entweder am Strand Richtung Osten weiterwandern oder ihn in einem Bogen, der zur anderen Seite des Schlopps führt, umgehen. Man folgt dann wieder den Markierungen des Mittelwegs. Das alles sollte sehr umsichtig geschehen, auch weil man darauf achten muss, nicht in einer Treibsandkuhle zu versacken. Durch den wasserführenden Schlopp geht man besser in Begleitung eines offiziellen Führers.

Schlopp
Am Mittelweg zwischen Postbake und Peilbake

Wrack

Ab dem Parkplatz am Ostheller darf man sich nur noch zu Fuß weiter nach Osten bewegen, weil: absolute Ruhezone. Neben dem Naturerlebnis, das der geschützte Osten dem aufnahmebereiten Wanderer bietet, gehört für viele Gäste das Ansteuern eines Schiffswracks zu den beliebten selbst auferlegten Pflichtveranstaltungen. Dieses **Wrack** und seine wenigen aus dem Sand ragenden Flächen haben Grafitti-Künstler bunt besprüht oder bemalt, sodass auch Fotofreunde gern hierher kommen, zumal Baltrum einen schönen Hintergrund abgibt.

Beim Wrack handelt es sich um die verrosteten Überreste eines sogenannten Muschelsaugers oder -baggers, der einem Heringslogger zu Hilfe kommen wollte, als dieser im Winter 1967 bei einer Sturmflut am östlichen Ende Norderneys strandete. Der Bensersieler Muschelsauger wollte eine Fahrrinne freisaugen, um den Logger zu befreien, steckte dann aber selbst fest, nachdem die Rinne wieder zugespült war.

Flugplatz auf Norderney

Ein Seenotrettungsboot aus Langeoog konnte bereits vorher die Besatzung des nicht mehr manövrierfähigen Heringsloggers an Bord nehmen.

Dem Kapitän und dem Maschinisten des Muschelbaggers blieb nichts anderes übrig, als ihr gestrandetes Schiff zu verlassen und zu Fuß zum Leuchtturm zu wandern. Das nur teilweise glückliche Ende des Lieds bedeutete, dass der hoffnungsvolle Muschelsauger »Pionier« (oder nach anderer Quelle namens »Capella«) endgültig aufgegeben wurde, um schließlich zu einer Sehenswürdigkeit zu werden. Der Heringslogger konnte im darauffolgenden Frühjahr doch noch freigeschleppt werden.

Südlich des Wracks verläuft ein Zaun, den man nicht zu überwinden versuchen sollte. Er gibt in etwa an, wie weit man Abstand zu den am Strand ruhenden Seehunden oder Kegelrobben halten muss. Etwa 300 m sollten es sein, damit sich die Tiere sicher und wohl fühlen können.

Wrack
Am Ende des Mittelwegs kurz vor dem Seegatt, das Norderney von Baltrum trennt

Inseltouren

Auf Norderney gibt es Momente, in denen man das seltene Gefühl erlebt, die Grenze des eigenen bisherigen Erfahrungshorizonts zu überwinden, insbesondere dann, wenn man in der nahezu unberührten Landschaft der grauen Dünen des Inselostens unterwegs ist oder sich am Strand befindet und nur noch sich, den Sand, die Salzluft und das Meer um sich herum hat. Diese Erlebnisse der Menschenleere, der natürlichen Stille und der scheinbaren Unendlichkeit machen einen Teil der Anziehungskraft der Insel aus.

Damit bei diesen Erfahrungen niemand verloren geht, haben die Inselverwaltung und ihre Helfer rund **80 km Fahrrad- und Wanderwege** mit grünen Pfosten markiert. Für die Erkundung zu Pferd gibt es noch einmal fast **28 km Reitwege**, die durch orangefarbene Pfosten gekennzeichnet sind. Für die besonders Sportlichen unter den Gästen (oder Einheimischen) gibt es noch sieben ausgewiesene **Laufsportwege (S1 bis S7)**, die als Rundwege zu ihrem jeweiligen Ausgangspunkt zurückfüh-

Vor dem Hintergrund Baltrums ein Wrack als Objekt populärer Graffiti-Kunst

ren. Diese sieben in je einer anderen Farbe markierten Wege schließen im Übrigen weder Wanderer noch Radler aus.

Zunächst zu den Wegen, die **sowohl mit dem Rad als auch zu Fuß** zurückgelegt werden können:

Dünenweg

Der **Dünenweg** führt von der Georgshöhe vor dem Nordbadestrand zum Leuchtturm in der Mitte der Insel (rund 7 km). Man geht oder radelt nördlich entlang der Siedlung Nordhelm zum ehemaligen Schmugglerpfad, dem Zuckerpad*. Er führt an der Walter-Großmann-Düne und einem Aussichtspunkt vorbei zum Wasserwerk und man erreicht kurz darauf den immer schon sichtbaren Leuchtturm. Dort bzw. im Flughafenrestaurant kann man einkehren, den Bus zurück nehmen oder südlich des Golfplatzes vorbei auf dem alten Postweg in die Stadt zurück radeln oder wandern. Die Strecke aus Hin- und Rückweg verdoppelt sich dann auf rund 14 km.

(*Achtung: Radler dürfen seit 2020 den Zuckerpad wegen mehrerer Unfälle mit Fußgängern nicht mehr benutzen und müssen auf den südlichen Karl-Rieger-Weg ausweichen.)

Walddünenweg

Der **Walddünenweg** beginnt auf dem Kurplatz und endet am Flughafen (rund 7 km). Er führt durch die Parkanlagen der Napoleonschanze an der Mühle und dem Bahnhof Stelldichein vorbei zur alten Meierei. Dort liegt ein Aussichtspunkt südlich der Straße. Man folgt dem Karl-Rieger-Weg und biegt nach dem Tierfriedhof in Richtung Dünensender ab. Nördlich des Golfplatzes steuert man den Flughafen an, der unterhalb des Leuchtturms liegt. Einkehrmöglichkeiten, Rückkehr und damit doppelte Strecke wie beim Dünenweg .

Polder-Wattweg

Der **Polder-Wattweg** beginnt ebenfalls am Kurplatz, aber man geht oder fährt zum Deich am Westbadestrand und folgt ihm in südöstlicher Richtung. Endpunkt der einfachen Strecke ist der Parkplatz am Ostheller (rund 13 km). Der Südwestdeich macht vor dem Hafen einen Bogen nach Nordosten. Man folgt der Deichstraße und biegt dann in östlicher Richtung auf den alten Postweg ein. Südlich des Golfplatzes und des Flughafens geht es weiter nach Osten bis der Deich einen großen Bogen nach Norden zum Osthellerparkplatz macht. Für die Strecke zurück kann man den Weg »Am Leuchtturm« nehmen und vom Leuchtturm aus in südwestlicher Richtung auf den Hinweg zusteuern. Wer noch gut bei Kräften ist, kann diesmal den Südstrandpolder südlich umrunden und auf diese Weise wieder im Hauptort eintrudeln. Der Rückweg mit dem Umweg über den Südstrandpolder ist etwa so lang wie der Hinweg.

Nun zu den Wegen, die **nur zu Fuß** zu machen sind:

Dünen-Heller-Weg

Der **Dünen-Heller-Weg** kann als die Fortsetzung des Polder-Wattwegs genommen werden, aber eben ab dem Parkplatz am Ostheller zu Fuß. Der Endpunkt ist das eingesandete Wrack am Seegatt »Wichter Ee«, das Baltrum von Norderney trennt. Der einfache Weg ist

6 bis 7 km lang. Am Osthellerparkplatz schließt man in der Nähe der Informationshütte sein Fahrrad ab, informiert sich und folgt dem Wegweiser zum Wrack.

In der Regel ist der sogenannte Mittelweg für Wanderer zu allen Jahreszeiten zugelassen. Es empfehlen sich Schuhe, die nass werden können, denn je nach vorangegangener Witterung können die Wege und Pfade morastig sein.

Der Mittelweg führt in einiger Entfernung an der Postbake vorbei. Bevor man den Aussichtspunkt und die Peilbake an der Möwendüne erreicht, kann es sein, dass der Schlopp, ein breites Priel, vollgelaufen ist. In diesem Fall umgeht man ihn in einem Bogen nach Norden und nimmt den Weg auf der anderen Seite des Schlopps wieder auf.

Im anderen Fall geht man geradeaus weiter. Nach der Möwendüne werden die Dünen niedriger und schließlich erreicht man das Wrack. Der kürzeste Weg zurück ist identisch mit dem Hinweg. Besonders am späten Nachmittag wird man so viele Kaninchen auf einen Schlag sehen wie vermutlich an keinem Tag zuvor.

Als Alternative kann man für den Rückweg am Seegatt nach Norden gehen und über den Strand entweder bis zum Schlopp oder bis kurz vor den FKK-Badestrand gehen und sich dann jeweils nach Süden wenden, um entweder wieder auf den Mittelweg oder direkt zum Parkplatz am Ausgangspunkt zu gelangen.

Strandweg

Der **Strandweg** mit einer einfachen Länge von rund 14 Kilometern durchmisst die ganze Nordseite der Insel bis zum Wrack am Ostende. An den Aufgängen bei der Weißen Düne und am FKK-Badestrand hat man, falls man seine Kräfte falsch eingeschätzt hat, zweimal die Gelegenheit die Wanderung abzubrechen, um mit dem Inselbus wieder zurückzukehren.

Danach ist Durchhalten angesagt, zumal man für die Rückkehr in die Zivilisation noch einmal rund 7 bis 8 km veranschlagen muss, bis man auf einen Bus oder ein Lokal trifft. Wer es abwechslungsreich haben will, benutzt vom Wrack aus den Mittelweg, der zum Parkplatz am Ostheller führt.

Ansonsten darf vom Wrack aus nur der Rückweg über den Nordstrand und nicht der Weg über das südlich Watt genommen werden. Dazu bedarf es eines offiziellen Wattführers.

Am nächtlichen Leuchtturm

Wer sich ein ganz besonderes Erlebnis gönnen will, der sollte per Rad (Taschenlampe nicht vergessen!) die

Eine Radtour durch die Dünen

Nähe des nächtlichen Leuchtturms aufsuchen. Unter den stetig kreisenden Lichtern des Leuchtturms kann man das Gefühl haben, als stehe man unter einem aufgespannten unsichtbaren Schirm, dessen immaterielle strahlende Streben sich über einem am Firmament drehen.

Der kürzeste Weg durch die Nacht dorthin verläuft aus der Stadt raus über die Jann-Berghaus-Straße, die Südstraße und dem Deich zum Alten Postweg. Auf diesem fährt man an der Recycling Station entlang auf dem Planetenweg voran, bis man auf den Campingplatz stößt. Am Campingplatz biegt man dann nach Norden ab und fährt schließlich den letzten Kilometer auf der Straße Am Golfplatz nach Osten bis zum Leuchtturm.

Man sollte vor der Fahrt sicherstellen, dass die Fahrradbeleuchtung gut funktioniert und die Tour vielleicht nicht ganz alleine unternehmen.

Laufsportwege

Die ausgeschilderten Laufsportwege sind mit S1 bis S7 bezeichnet. Online können eine Karte und ausführliche Wegbeschreibungen eingesehen werden, die von der Tourist-Information zur Verfügung gestellt werden. Die Wege haben eine Länge von drei bis 22 km. Der Kurparkrundweg (S7) ist der kürzeste und der einzige der seine Schleife am Rosengarten beim Kurplatz beginnt. Die anderen sechs Rundwege beginnen allesamt am westlichen Ende des alten Postwegs im Nordwesten des Südstrandpolders. Der Weltnaturerbelauf (S3) ist der längste und führt zur Strandpromenade im Westen und bis über die Inselmitte hinaus zum Ostheller einmal rund um einen großen Teil Norderneys. S3 sollte man erst unternehmen, wenn man sich an die Luft und das Klima der Insel – man spricht nicht umsonst von Reizklima – gewöhnt und sich entsprechend fit gemacht hat.

Geschichte

In ungewisser Vorzeit
Die ersten schriftlichen Zeugnisse
Freiheit für die Friesen
Norderney entsteht
Im Windschatten der Weltgeschichte
Norderney im 20. Jahrhundert

Inselgeschichte

In ungewisser Vorzeit

Die Nordseeküste war in vorgeschichtlicher Zeit keine festgelegte Linie. Sie verschob sich mit dem auf Nordeuropa lastenden Eispanzer während der Kaltzeiten und den Perioden gradueller Erwärmung im Laufe von Jahrtausenden ständig von Norden nach Süden und wieder zurück. Aufgrund von Funden weiß man, dass Pflanzen, Tiere und Menschen beim Rückzug des Eises nachrückten und das freigewordene Terrain in Beschlag nahmen. Der jeweilige Rückzug des Eispanzers ging allerdings einher mit dem Abschmelzen beträchtlicher Eismassen und sorgte damit gleichzeitig für einen entsprechenden Anstieg des Meeresspiegels. Dadurch wurden die flachen Regionen des Festlandsockels überflutet und die Küstenlinie verschoben.

Die letzte Kaltzeit (also das, was umgangssprachlich letzte Eiszeit genannt wird) war die Weichselkaltzeit, die vor rund 115.000 Jahren begann und mit einem ziemlich abrupten Temperaturanstieg um 9.600 (+/- 40 Jahre) vor Christus zu Ende ging. Hatte die Nordsee (oder was von ihr ansatzweise bereits existierte) um 20.000 v. Chr. noch ihren niedrigsten Wasserstand mit 120 m unter dem heutigen Meeresspiegel, so war er am Ende der Weichselkaltzeit um die Hälfte gestiegen und lag

60 m darunter. Zu dieser Zeit verlief die Nordseeküste etwa zwischen dem Skagerrak bei Dänemark und Newcastle im Norden Englands, sodass die britische Insel vom Kontinent aus zu Fuß zugänglich war, auch wenn dabei noch etliche Flussläufe und -deltas überquert werden mussten.Der Ärmelkanal war noch nicht geflutet bzw. zur Nordsee durchgebrochen und südlich der offen liegenden Doggerbank hatte sich aus Schmelz-, Fluss- und Regenwasser ein Binnensee gebildet.

Die Doggerbank, die heute 13–15 m unter dem Meeresspiegel liegt und damals von den verzweigten Mündungsarmen der Flüsse Themse, Humber, Maas, Rhein, Ems, Weser und Elbe umspült wurde, und das umgebende Doggerland waren vermutlich über einen längeren Zeitraum hinweg bewohnt worden. Manche Autoren nehmen sogar an, dass es in dieser Region einen fruchtbaren Garten Eden gegeben haben müsse. Im Meeresboden und in den Fangnetzen von Fischern gefundene Mammutzähne, Skelettknochen von Wisent, Wollnashorn, Riesenhirsch und Höhlenbär, Steinwerkzeuge, Harpunen und Menschengebein weisen darauf hin, dass sich in den Zwischeneiszeiten die Pflanzen- und Tierwelt ausgebreitet hatte und so offensichtlich auch der Mensch genügend Nahrung fand, um hier zu jagen und zu siedeln. Es wurde errechnet, dass die Besiedelung bis etwa 6.200 v. Chr. angedauert haben kann, als eine Katastrophe dem vermuteten irdischen Paradies ein jähes Ende setzte.

Um etwa 6.500 vor unserer Zeitrechnung erodierte die Kreidefelsverbindung zwischen Dover und Calais, sodass der mit Süßwasser gefüllte Binnensee über den Ärmelkanal in den Atlantik abfloss, damit vermutlich auch die Themse. An die Stelle des Sees trat ein Geflecht von Flussarmen, die ein oder mehrere Deltas bildeten. Die Siedler im Vorland der heutigen Küste mussten zunehmend vor dem allmählich vordringenden Wasser auf den Erhebungen Zuflucht suchen.

Vermutlich kam das Aus der Besiedelung der Doggerbank und des Doggerlandes endgültig um etwa 6.200 v. Chr., als besagte Katastrophe eintrat. Ein riesiger Tsunami schwappte mit einer Flutwelle von 10 bis 20 m Höhe mit ungeheurer Wucht über die Nordsee hinweg, machte alle Behausungen und Feuerstellen nieder, spülte Erde und Sand in großen Massen fort und überschwemmte ganz Doggerland. Ausgelöst wurde dieser Tsunami durch die sogenannte (erste) Storegga-Rutschung. Dieser gewaltige Erdrutsch war einer von mehreren weiteren, weniger mächtigen, die noch folgen sollten. Im europäischen Nordmeer vor Norwegen stürzten dabei an einer submarinen Kante auf einen Schlag Schlamm- und Geröllmassen von den Ausmaßen Islands eine etwa 800 m hohe und steile Unterwasserklippe hinab und lösten eine Flutwelle aus, die nachweislich z.B. auf den Shetland-Inseln Menschen, die in 10 m Höhe über dem Meeresspiegel an der Küste am herbstlichen Lagerfeuer saßen, todbringend überraschten.

Das kontinuierliche Abschmelzen der Eispanzer – vor allem auch der riesigen Eismasse im Norden des amerikanischen Kontinents – sorgte dafür, dass Britannien etwa 5.000 v. Chr. endgültig zur Insel wurde und sich in den Seichtgebieten vor der jetzigen Nordseeküste ein Wattenmeer herausbildete, dessen Ausdehnung einem ständigen Wandel unterzogen war. Der Meeressaum er-

Sturmfluten und Überschwemmungen

Die Küsten und Inseln der Nordsee wurden seit ihrer Entstehung immer wieder von verheerenden Sturmfluten heimgesucht. Die älteste im Nordseebereich je in Quellen erwähnte Sturmflut wird die Cimbrische genannt und auf die Zeit um 340 v. Chr. datiert. Aber Genaueres über diese Sturmflut weiß man nicht. Auch das ganze Mittelalter hindurch bis ins 18. Jahrhundert hinein sind die Angaben häufig von der subjektiven Sichtweise der Betroffenen oder durch den mangelnden Zugang der Berichterstatter geprägt, sodass die angegebenen Zahlen über Opfer und Schäden nur bedingt aussagekräftig sind. Hier ein Auszug der bekanntesten Sturmfluten, die auf Ostfriesland und damit meist auch auf Norderney und seiner Vorläuferinsel eingewirkt haben:

Julianenflut (1.2.1164): Erster Einbruch des Jadebusens, ca. 20.000 Tote.
Erste Marcellusflut (18.1.1219): Große Schäden an der niedersächsischen Nordseeküste, ca. 36.000 Tote.
Clemensflut (23.11.1334): Erweiterung des Jadebusens, Butjadingen wird Insel.
Zweite Marcellusflut, sog. Grote Mandränke (16.1.1362):Erster Einbruch des Dollart, Erweiterung des Jadebusens, ca. 100.000 Tote
Erste Dionysiusflut (9.10.1373): Größte Ausdehnung der Leybucht bis Norden
Zweite Dionysiusflut (9.10.1377): Verheerende Deichbrüche in der Leybucht
Allerheiligenflut (1.11.1435): Gesamte deutsche Nordseeküste betroffen
Cosmas- und Damianflut (26.9.1509): Größte Ausdehnung von Dollart und Jadebusen, Emsdurchbruch bei Emden und dadurch Ende eines direkten Seehafens in der Stadt
Allerheiligenflut (1.11.1570): Landverluste in Ostfriesland (13 km^2), ca. 10.000 Tote
Weihnachtsflut (24.12.1717): Größte bis dahin bekannte Sturmflut, Inseldurchbrüche auf vier ostfriesischen Inseln (wohl nicht auf Norderney), mehr als 12.000 Menschen ertrunken
Halligflut (3./4.2.1825): Inseldurchbrüche auf drei ostfriesischen Inseln (nicht auf Norderney)
Märzflut (13.3.1906): Bis dahin höchster Pegelstand (Flutmarke in Dangast: 5,35 m über NN)
Hollandsturmflut (31.1./1.2.1953): Flutmarke in Emden: 5,18 m über NN, fast 20.000 Tote, vorwiegend in Holland, löste niedersächsisches Küstenschutzprogramm und den »Deltaplan« aus
Februarflut (16./17.2.1962): Flutmarke in Wilhelmshaven: 5,22 m über NN, 61 Deichbrüche in Niedersachsen, 340 Tote an der Küste, davon 315 in Hamburg
Januarflut (28.1.1994): Höchste je registrierte Wellenhöhe bei einer Sturmflut in Ostfriesland: am Borkum-Riff werden 8 bis 10 Meter Höhe gemessen.

reichte bis etwa zur Zeitenwende vor 2.000 Jahren ungefähr die Höhe der heutigen Küstenlinie. Die Gezeitenfolge, Sturmfluten und das ständige Mahlen des Meeres hatten dafür gesorgt, dass in einem dynamischen Prozess einerseits Land und Sand überflutet, ausgewaschen und abgetragen, andererseits aber an anderer Stelle wieder angeschwemmt und aufgehäuft wurden.

Dort, wo sich Pionierpflanzen wie der Strandhafer in Sand und Schlick festsetzen und den neu geschaffenen Grund knapp über der Wasserlinie mit ihren verzweigten Wurzeln festhalten konnten, bildete sich eine tragfähige Fläche, in älteren Schriften manchmal **Darg** genannt, auf der der Wind sein Spiel mit dem Sand fortführte und erste **Dünen** auf diesem Untergrund schuf. Auf diese Weise wölbte sich am seichten Gewässer noch vor der eigentlichen Küstenlinie ein durch die Eigendynamik des Meeres entstandener **Inselgürtel** auf, der dem Kontinent vorgelagert ist und ihm als Wellenbrecher und Barriere bis heute dient. Große Sturmfluten und der ständige Ansturm von Wind und Wogen verändern die ostfriesischen Inseln nach wie vor und die südlich des Wattenmeeres ansässigen Küstenbewohner haben letztlich gut daran getan, sich vorsorglich mit Dämmen, Schleusen und Deichen zu schützen.

Erste schriftliche Zeugnisse

Aus der Zeit um Christi Geburt gibt es auch die ersten, nicht sehr präzisen schriftlichen Zeugnisse über die Verhältnisse an der friesischen Nordseeküste. Strabon, ein weitgereister griechischer Geograf in römischen Diensten, berichtet von einer Insel vor der Nordseeküste, die er mit dem Namen Byrchanis bezeichnet. Obwohl der Name an die heutige Insel Borkum erinnert, ist davon auszugehen, dass sich die geografischen Verhältnisse von damals und jetzt sehr unterscheiden.

Auch der ähnlich weit im römischen Imperium herum gekommene ältere Plinius, der als Offizier von einem römischen Heerlager bei Xanten mit seinen Truppen an die Nordseeküste vorstieß, und Tacitus, der eine erste Monografie über die Germanen verfasste, sind weitere maßgebliche Berichterstatter. In einem vielzitierten Text bei **Plinius d.Ä.** heißt es:

»Gesehen haben wir im Norden die Völkerschaften der Chauken, die die größeren und die kleineren heißen. In großartiger Bewegung ergießt sich dort, zweimal in dem Zeitraum eines Tages und einer Nacht, das Meer über eine unendliche Fläche und offenbart einen ewigen Streit der Natur und eine Gegend, von der es zweifelhaft ist, ob sie zum Lande oder zum Meere gehört. Dort bewohnt ein beklagenswertes Volk hohe Erdhügel, die mit den Händen gemäß der höchsten Flut errichtet sind. In den so erbauten Hütten gleichen sie Seefahrern, wenn das Wasser das umliegende Land bedeckt, Schiffbrüchigen, wenn es gewichen ist; auf die zugleich mit dem Meer zurückweichenden Fische machen sie um ihre Hütten herum Jagd. Es ist ihnen nicht vergönnt, Vieh zu halten, sich von Milch zu nähren, wie ihre Nachbarn, ja nicht einmal mit wilden Tieren zu kämpfen, da jedes Buschwerk fehlt. Aus Schilfgras und Binsen flechten sie Stricke, um Netze für die Fische daraus zu fertigen, und indem sie mit den Händen ergriffenen

Schlamm mehr im Winde als an der Sonne trocknen, erwärmen sie ihre Speisen und die vom Nordwind erstarrten Glieder durch Erde. Zum Trinken dient nur Regenwasser, das im Vorhof des Hauses in Gruben gesammelt wird. Und diese Völker sagen, wenn sie heute vom römischen Volke besiegt werden sollten, sie seien Knechte. In Wirklichkeit ist es so: das Schicksal schont viele, um sie zu strafen.«

Die Warf(t)en oder Wurten, die Plinius anspricht und auf deren ärmliche Existenzbedingungen für die Bewohner er hinweist, unterscheiden sich von späteren insofern, als auf diesen letzteren, größeren durchaus eine Fülle von Fundstücken auf eine landwirtschaftliche Lebensweise mit Getreideanbau und Haustieren wie Rindern, Pferden, Schafen und Schweinen schließen lässt. Vermutlich hat Plinius zu dieser Zeit die wenigen erstaunlichen Überlebenden beschrieben, die noch dem bedrohten Landstrich an der Küste mit letzter Kraft die Treue hielten, weil sie woanders nicht einmal dieses kärgliche Auskommen erwarten durften, bevor sie sich schließlich doch vor der Gewalt des Meeres zurückziehen mussten. Von einem im Gebiet der Ems (lat.: Amisia) ansässigen Stamm, dem der **Ampsivarer**, heißt es zum Beispiel, dass er weichen musste und von seinen Nachbarstämmen nicht aufgenommen, sondern abgewiesen wurde, und keiner weiß, wo die Ampsivarer abgeblieben sind. Auch der Name der **Chauken** verliert sich nach zwei Jahrhunderten allmählich und niemand kann Sicheres über ihr Schicksal sagen. Vermutlich haben sie sich oder Teile von ihnen den größeren Stammesverbänden der Friesen, der Sachsen und der Franken unterstellt. Oder sie sind, wie es manchmal heißt, in ihnen aufgegangen oder von ihnen aufgesogen worden.

Tacitus lässt uns noch wissen, dass zu seiner Zeit die Friesen noch westlich der Ems und die bei Plinius erwähnten kleineren Chauken zwischen Ems und Weser und die größeren weiter östlich zwischen Weser und Elbe gesiedelt haben sollen. In der ungewollten Vorwegnahme der in der Aufklärung des achtzehnten Jahrhunderts aufgekommenen Idealisierung der »edlen Wilden« lobt er die Chauken für ihren ehrenhaften Charakter und ihre Bedeutsamkeit innerhalb der germanischen Stammeswelt. Er hält sie so, vermutlich wider alle gesellschaftliche und geschichtliche Realität, seinen römischen Landsleuten als Vorbild vor Augen, denn diese hatten sich nach seiner konservativen Meinung und zu seinem Leidwesen längst entfernt von den republikanischen Werten der von ihm glorifizierten früheren Senatsherrschaft, als es noch gewählte Konsuln gab und keine Cäsaren auf Lebenszeit.

Freiheit für die Friesen

Mit dem Ende der römischen Herrschaft im westlichen Germanien drangen in das schwer zu kolonisierende Moor- und Marschland an der Nordseeküste neue Siedler wie die **Friesen** und die **Sachsen** vor. Mangels eines größeren organisierten gesellschaftlichen Zusammenhangs mussten sie sich zunächst damit begnügen, befestigte Hügel, sogenannte Wurten oder Warf(t)en, zu errichten, um sich vor Sturmfluten zu schützen. Das unwirtliche und kaum zugängliche Land gab einen wesentlichen Grund dafür ab, dass es außer unmittelbar an der

Küste nur zu wenigen feindlichen Überfällen kam und dass die Bewohner lange Zeit keiner von außen kommenden Herrschaft unterworfen waren.

Zwischen den Jahren 650 und 700 waren die Oberhäupter einiger friesischer Familien schließlich einflussreich und mächtig genug, um sich als autochthone Heerkönige zu gerieren und den Widerstand gegen die beginnende fränkische Expansion, die nach Norden ausgriff, zu organisieren.

716 gelang es einem solchen Heerkönig, namens **Radbod**, bei Köln den fränkischen Hausmeier Karl Martell zu besiegen. Es war Martells einzige überlieferte Niederlage. Gegen Karl den Großen jedoch mussten die Ostfriesen die Unterwerfung und Besetzung ihres Siedlungs- und Herrschaftsraums hinnehmen, nachdem sie sich lange und gewaltsam gewehrt hatten, auch gegen ihre Christianisierung. Der Missionar und Apostel der Deutschen, der heilige Bonifatius, war nur eines ihrer Opfer. 804 wurde Friesland Teil des Frankenreichs. Der machtpolitisch ausgefuchste und im Jahr 800 vom Papst zum römischen Kaiser gesalbte und gekrönte Frankenkönig **Carolus Magnus** gestattete den Friesen jedoch Sonderrechte, die in einem Rechtskodex, der »Lex Frisionum«, bereits 802 niedergelegt worden waren. So blieben sie Eigentümer ihrer Güter, wurden also nicht wie im Feudalismus mit ihnen belehnt, und waren nur dem König (bzw. Kaiser) direkt untertan und abgabepflichtig.

So bildete sich in Friesland, anders als in anderen deutschen Regionen, zunächst kein Stammesfürstentum heraus.

Gegen die ab dem 9. Jahrhundert verstärkt einsetzenden Wikingerangriffe hatten die Karolinger zwar eine Wacht an der Küste und an den Flussmündungen mit Hilfe ihrer neuen Untertanen organisiert, aber verteidigen mussten die Friesen sich schon selbst. Da sie damit auch die Grenzen des fränkischen Reichs schützten, wurden sie von der Heerfolge außerhalb ihres Territoriums befreit.

Dies alles zusammengenommen führte im Mittelalter zu der Gesellschafts- und Rechtsordnung einer besonderen »Friesischen Freiheit«, die mehrere Jahrhunderte überdauerte. Es entwickelten sich Zusammenschlüsse freier Friesen zu autonomen Gemeindeverbänden, wobei, wie sich später zeigen sollte, Freiheit nicht auch gesicherte rechtliche Gleichheit bedeutete.

Ab dem 10. Jahrhundert gelang es den nun besser organisierten ostfriesischen Küstenbewohnern, gegen die Gefahren des Meeres einen umfassenden Deichschutz zum Nutzen aller Gemeindeverbände ins Werk zu setzen. Eine durchgezogene Deichkette, als »Goldener Ring« bezeichnet, sicherte um 1100 die ganze friesische Küste. Das erlaubte von da an für längere Perioden einen weitgehend ungestörten Ausbau des Landes zur florierenden agrarischen Lebensgrundlage und damit den Landbesitzern einen ständig zunehmenden Reichtum. Dies schlug sich nieder in der stolzen, um nicht zu sagen, kühnen Redeweise: »Deus mare, Friso litora fecit« (Gott schuf das Meer, der Friese die Küste). Trotz aller sichernden Maßnahmen konnten bestimmte, in ihrer Wucht nicht vorhergesehene Jahrhundertfluten innerhalb weniger Stunden Tausende von Menschenleben vernichten, ganze Landstriche verwüsten und das Werk von Generationen zerstören.

Freie Friesen fanden sich aber nicht nur zusammen, um den Schutz und die Kolonisierung des Marschlandes voranzutreiben. Nicht wenige unter ihnen waren geschickte Seefahrer und betrieben flussaufwärts mit dem Hinterland und über die Nordsee mit England und Skandinavien einen einträglichen Handel. Dieser Reichtum aus fruchtbar gemachtem Land und dem erweiterten Wirkungsbereich der Handelsbeziehungen führte dazu, dass die »freien Friesen« nicht nur die Deichsicherheit erhöhen, sondern sich auch gegen aufstrebende Regionalmächte schützen mussten oder durchsetzen wollten. Es schlossen sich deshalb ostfriesische Gemeindegebiete zu sogenannten **Upstalsboom-Verbänden** zusammen, um ihre Rechtsvorstellungen, ihre gegenseitigen Beziehungen und ihre gemeinsamen Interessen zu diskutieren und entsprechende Beschlüsse zu fassen und umzusetzen. Der zentrale Upstalsboom befand sich bei Aurich. Er war eine auf einem Grabhügel gelegene Versammlungsstätte, die vermutlich mit einem Pfahl (»boom«) versehen war. Hier wurde eine Frühform republikanischer Auseinandersetzungen von im Wesentlichen noch gleichberechtigten, freien Besitzbürgern gepflegt: eine Art Athen an der nordwestdeutschen Küste.

Demokratische Gepflogenheiten in einer Bürgerversammlung bedeuteten allerdings nicht, dass dort zu Friede, Freude, Eierkuchen aufgerufen wurde. Man beschloss beispielsweise 1271 einen Aufstand gegen den Bischof von Münster, der den Ostfriesen Zugangsrechte zu lebenswichtigen Märkten verweigerte, oder man legte sich mit der Hanse an, was diese als Seeräuberei interpretierte und sanktionierte und einen der charismatischen Köpfe dieser mit etlichen ostfriesischen Gemeinden unter einer Decke steckenden »Vitalienbrüder«, den legendären **Klaus Störtebeker**, samt einiger Kampfgenossen jagte, einfing, verurteilte und der ungesicherten Legende gemäß 1401 in Hamburg exekutierte.

Dies war schließlich auch die Zeit, zu der die autonomen ostfriesischen Gemeinden und Gemeindezusammenschlüsse mehr und mehr unter die Herrschaft einflussreicher friesischer Familiendynastien gerieten.

Ihre Oberhäupter, als »Häuptlinge« bezeichnet, bauten nach innen und nach außen ihre Macht aus, indem sie sich nun nicht mehr grundsätzlich gegen hanseatische Kaufleute stellten, sondern sich mit ihnen verbündeten oder auch nach ständischen Privilegien schielten. Damit zog der Feudalismus auch im Nordwesten ein.

Als auffälligstes Zeichen dieser Entwicklung ernannte der deutsche Kaiser Friedrich III. 1464 den friesischen

Freibeuter – die Schrecken der Meere

Überall wo Reichtum geschaffen wird, entsteht der Versuch, an ihm teilzuhaben. So rufen Gold- und Silberflotten auf den Weltmeeren die mit königlichen Kaperbriefen einer fremden Macht ausgestatteten Freibeuter oder die auf eigene Rechnung plündernden Korsaren auf den Plan. Der Reichtum an der Nordsee lag im ausgehenden Mittelalter und der frühen Neuzeit in den Händen einer mächtigen Handelsunion, der Hanse. Ihr Einflussbereich erstreckte sich von Lissabon bis London, von Bergen bis ins Baltikum. Auch dieser Reichtum blieb ihr nicht unbestritten, denn in der Gemengelage gegeneinander kämpfender adeliger Herrschaften an Nord- und Ostsee traten Piraten auf, die sich entweder als Schutztruppe gegen andere Herrscher und ihre Piraten engagieren ließen oder sie kämpften im Namen ihrer Herrschaft gegen die Hanse. Was noch lukrativer schien, war der Überfall einzelner Hansekoggen oder kleinerer Hanseverbände auf eigene Rechnung. Für die eigene Schatzbildung horteten sie ihre Beute an sicheren Orten im unübersichtlichen Terrain des Wattenmeers.

Am bekanntesten ist der Name einer Piratenorganisation, die sich gemäß ihres ersten Auftrags die Vitalienbrüder (man denke an den Namen des Münchner Viktualienmarktes) nannten. Sie sollten nämlich bei ihrer Gründung eine Lebensmittelblockade gegen die Stadt Stockholm aufbrechen. Am Anfang stammten ihre Anführer meist aus verarmten Adelsgeschlechtern Mecklenburgs. Sie wurden von ihren Auftraggebern nicht besoldet, bekamen aber Frei- oder Kaperbriefe und entlohnten sich selbst aus der Beute der aufgebrachten Schiffe. Für die damaligen gesellschaftlichen Verhältnisse ziemlich ungewöhnlich, bürgerte sich bei ihnen im Laufe der Zeit ein Gleichheitsgrundsatz ein, nach dem die Beute unter allen Piraten gleich zu verteilen war. Ob sie jedoch weibliche Freibeuter, und das auch noch gleichberechtigt, in ihrer »Bruderschaft« duldeten, wie es bei manchen Korsaren in der Karibik bezeugt ist, bleibt fraglich. Man nannte sie wegen ihrer Regeln in Bezug auf die Beuteverteilung, je nach dem gesellschaftlichen Standpunkt des Betrachters, entweder mit einer gewissen erstaunten Bewunderung oder einer unverhohlenen Verachtung als »Likedeeler«.

Das Operationsgebiet dieser Freibeuter war zunächst vorwiegend die Ostsee und nach ihrer Vertreibung von dort die Nordsee. Die geografischen Besonderheiten gerade im südlichen Küstenbereich der Nordsee, über deren Einzelheiten sie bald bestens im Bilde waren, ermöglichten ihnen, unerkannt unter- oder – überraschend für ihre Gegner – aufzutauchen. Sie waren vertraut mit den Gezeiten- und Strömungsverhältnissen im Wattenmeer, hatten Schlupfwinkel im Schutz der Dünen oder an den dünn besiedelten und schwer zugänglichen Küsten und fanden auch immer wieder die Unterstützung der einheimischen Bevölkerung, die sie durchaus auch belohnten, sodass ihnen ein Ruf à la Robin Hood angeheftet wurde. Allerdings gab es auch Abspaltungen, sodass es zu Kämpfen zwischen verschiedenen Fraktionen oder neu gegründeten Segelbruderschaften kam. Ihre

Störtebeker wird als Gefangener in Hamburg an Land gebracht

Reichtümer aus der gemachten Beute galten bereits zu ihrer Zeit als legendär. Es werden noch immer zahlreiche Orte genannt, an denen bis heute ihre Schätze verborgen liegen sollen.

Einer ihrer Anführer, Klaus Störtebeker, wurde zum Mythos, wobei bis heute nicht zu klären war, ob, wann und unter welchen Umständen ein solch trinkfester »Becherstürzer« gelebt haben soll. Es gibt keine zeitgenössischen Quellen, die dem Mythos eine historische Person unzweifelhaft zuschreiben könnten. Von einem Johann Störtebeker, der am ehesten in Frage kommen könnte, weiß man jedoch, dass er länger gelebt hat als der angeblich in Hamburg 1401 mit über 70 Spießgesellen enthauptete Klaus. Von einer anderen Person aus Wismar mit Namen Klaus Störtebeker ist nichts weiter als der Name bekannt. Es ist deshalb auch nicht verbürgt, dass ein gewisser Störtebeker tatsächlich jemals einen Stützpunkt in Marienhafe, südöstlich der Stadt Norden, besaß, auch wenn der Kirchturm von Sankt Marien im Volksmund noch immer Störtebekerturm genannt wird. Ob eine mit ihm identische Figur jemals bis Norderney gelangt ist, weiß auch niemand. Wahrscheinlich ist jedoch, dass Abteilungen der Vitalienbrüder oder andere Freibeuter um 1400 durchaus wussten, wo sie sich dort im Notfall zurückziehen und vor ihren Feinden verbergen konnten.

Die Literatur, die Klaus Störtebeker und seinem Mythos gewidmet ist, scheint fast nicht überschaubar zu sein. Sogar Theodor Fontane hat zeitweilig ernsthaft mit dem Gedanken gespielt einen Störtebeker-Roman zu schreiben. Zur Einführung gibt es auch eine Schulausgabe von Boy Lornsen mit dem Titel »Klaus Störtebeker, Gottes Freund und aller Welt Feind«. Es enthält Materialien, die sich mit dem legendären Vitalienbruder, seiner Zeit und der Seeräuberei befasst.

»Häuptling« Ulrich I. aus der Familiendynastie der Cirksena zum Reichsgrafen und übergab ihm Ostfriesland als Lehen. Somit war Ostfriesland nun endgültig an das Deutschen Reich gebunden.

Damit war auch Norderney, dessen Entstehung noch nachzutragen ist, feudalrechtlicher Bestandteil des deutschen Reichsgebiets.

Norderney entsteht

Ab wann es die Insel Norderney in der heutigen Gestalt gibt, ist nirgendwo genau festgehalten. Man vermutet, dass es vor dem 12. Jahrhundert eine besonders große Insel in der Emsmündung gegeben haben könnte, oder auch zwei. Durch die Quellen geistern zwei Namen heute unbekannter Inseln, nämlich Bant und Buise. Ihre genaue Verortung und Ausdehnung ist ungewiss.
Im frühen 13. Jahrhundert jedoch, als sich 1227 eine ostfriesische Flotte vor Borkum zum 5. Kreuzzug ins Heilige Land versammelte, berichten die Quellen nichts von einer solchen größeren Insel, sodass sie vermutlich schon nicht mehr oder nur noch als Sandbank existierte.

Am Ende des 14. Jahrhunderts während der sogenannten friesischen »Häuptlingszeit« war die Ordnung der freien Gemeinden in Ostfriesland bereits untergegangen. Die Herrschaft im Land war von Oberhäuptern friesischer Familiendynastien an sich gerissen worden. Norderney taucht in einer Liste von Oberhaupt Widzel, einem Mitglied der mächtigen ostfriesischen Häuptlingsfamilie **tom Brok**, nicht auf. Dieser bot dem Herzog Albrecht von Bayern Lehen an, die er anschließend wieder zurückfordern wollte.

Neben den heute noch existenten Inseln Borkum, Juist, Baltrum, Langeoog, Spiekeroog und Wangerooge werden zwischen Juist und Baltrum zwei Inseln genannt, mit denen man auf den ersten heutigen Blick nichts anfangen kann: Buise und Oesterende. Man vermutet, dass die früher erwähnte Insel Bant mittlerweile vom Meer geschluckt worden und dass Buise (auch »Burse« genannt) in der zweiten Marcellusflut im Januar 1362 auseinandergebrochen war und die physische Verbindung zu ihrem Ostteil, dem erwähnten Oesterende, verloren hatte.

Nur wenige Jahrzehnte später ließ man den Namen Oesterende, auch in seiner Form »Ostende«, endgültig fallen und nannte von nun an diese Insel: »Norder neye ooge« (also Norder neue Insel, nach dem zugehörigen Festlandsabschnitt), deren Name bald auf das heutige Norderney verkürzt wurde.

Um 1650 war auch der westliche Rest Buises von der Landkarte verschwunden.Vermutlich trug das Verschwinden des »Westerendes« von Buise dazu bei, dass der Sand von dort an ihr ehemaliges Ostende angespült wurde. Seit dieser Zeit ist Norderney durch das beständige Wirken von Wind und Wellen nach Osten hin um gute sechs Kilometer gewachsen. Norderney hat nicht nur das Neue in seinem Namen, es ist auch die jüngste der besiedelten ostfriesischen Inseln.

Im Windschatten der Weltgeschichte

Die ersten Bewohner Norderneys müssen mit ziemlicher Sicherheit bereits vor der Zeit der angesprochenen Lehensvergabe auf die damals noch Oesterende oder Osterende genannte Insel gelangt sein. Vermutlich waren sie ursprünglich Fischer vom Festland, die schon früher öfter bei Unwetter Schutz auf der Insel gesucht hatten. Ihre Lebensverhältnisse waren anfangs sicher sehr karg. Die Grundlage ihres Einkommens fußte auf dem Fischfang, etwas Landwirtschaft (Gemüse), Viehhaltung (Rind und Schaf) und dem Verkauf von Schill, einem fossilen Muschelkalk, der sich am Strand ablagert und der auf dem Festland im Hausbau benutzt wurde.

Auch das Aufsammeln von Strandgut muss eine überlebensnotwendige Einnahmequelle gewesen sein, wenn auch eine anrüchige, wie der ostfriesische Kanzler und Historiker **Ubbo Emmius** (1547–1627) anmerkt: »Die Einwohner dieser Inseln leben vom Fischfang und vom Schiffbruch, dem allerschändlichsten Gewinn«. Für die Norderneyer galt die Friesische Freiheit schon nicht mehr. Sie klang höchstens noch als Mythos aus »goldenen« Zeiten nach. Das neue Eiland war von vorneherein sogenanntes »Herrenland« und die Eigentümer waren friesische Häuptlinge oder Stammesfürsten, die auf dem Festland saßen.

Die neuen Insulaner waren Erbpächter auf fremden Land. Der verlängerte Arm der feudalen Landeigentümer auf der Insel war ein von ihnen eingesetzter Inselvogt, der für sie die fälligen Abgaben beispielsweise für das Weiderecht, meist in Form von Naturalien

Ostfrieslandkarte von Ubbo Emmius (1730)

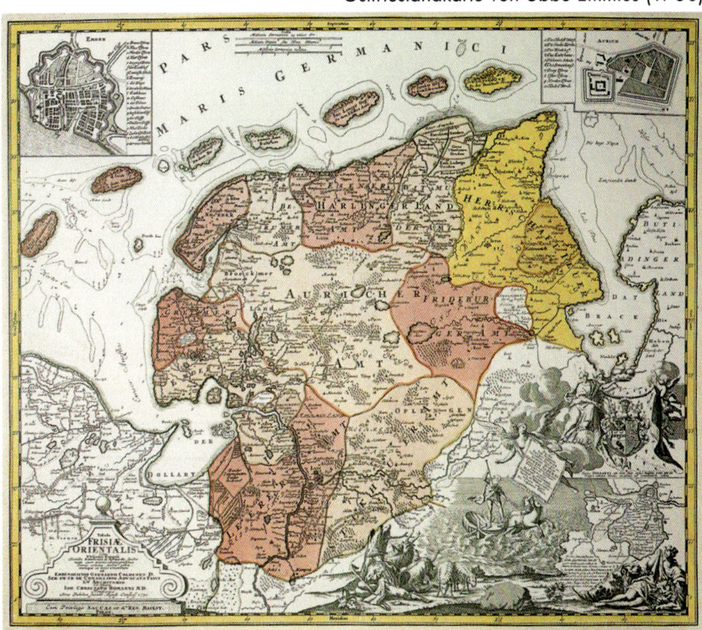

Der »Kurbäderschwimmer« Otto Kemmerich

Ein ganz besonderer Gast auf Norderney war Otto Kemmerich aus Husum, der weltbeste Dauerschwimmer seiner Zeit, denn er wurde von der Kurverwaltung eingeladen und extra dafür bezahlt, dass er auf die Insel kam. Spätestens im Alter von 36 Jahren wurde die lokale Presse seiner Heimatstadt auf ihn aufmerksam, als er von Süderhafen (Nordstrand) nach Steindeich bei Husum über 6 km weit die Nordsee durchpflügte. Man muss wissen, dass in den 1920er Jahren gerade mal 20 % der Deutschen schwimmen konnten. Und dieser Otto wagt sich auch noch hinaus aufs Meer, was als noch erstaunlicher angesehen wurde und nicht ganz zu unrecht als hochgefährlich galt.

Deutschlandweit kam der kühne Dauerschwimmer 1923 in die Schlagzeilen, weil er den Bodensee der Länge nach durchschwamm. Danach gewann er im Jahr 1924 ein Wettschwimmen, das von seiner Heimatstadt Husum nach Westerland auf Sylt ausgetragen wurde. Sein Ruhm verbreitete sich rasch und bereits im August 1924 engagierte ihn die Kurverwaltung von Norderney, weil er versprach die Meeresbreite zwischen Juist und Norderney zu durchschwimmen, was ihm auch gelang.

Nachdem er 1925 in 22 Stunden die Ostsee von Fehmarn nach Warnemünde, ohne Begleitboot und nur mit Uhr, Kompass und Seekarte ausgerüstet, durchquert hatte, nannte er sich fortan Weltmeister. Kein Mensch ist bekannt, der vor ihm aus freien Stücken eine solche Strecke auf offener See zurückgelegt hat. Im Juni 1925 erntete er erneut den Applaus der Kurgäste, als er von Norddeich nach Norderney schwamm. Seine jeweilige Position zeigten diesmal statt einer roten Flagge rote Luftballons an. Nach drei Stunden langte er am Weststrand beim Rettungsbootschuppen an. Ein Preisgeld verdiente er sich auch, als er am 9. September 1925 als erster Mensch durch den Fehmarnbelt von Fehmarn nach Dänemark schwamm. Die dänische Zeitung »Politiken« hatte dafür 1.000 Kronen ausgelobt.

Am 26. August 1926 schien seine Karriere als Dauerschwimmer unglücklich zu Ende zu gehen. Beim Versuch, den Ärmelkanal zu durchschwimmen, wurde der »Seebezwinger« (O-Ton: Archiv-Journal des Stadtarchivs Norderney) neun Meilen vor Dover von einem Tümmler attackiert, an der Hand verletzt und musste, weil bewusstlos, noch vor dem Ziel aus dem Wasser geborgen werden. Von da an blieb ihm das eine Handgelenk steif, aber Otto Kemmerich ließ sich davon weder beeindrucken noch aufhalten. Er schwamm sowieso in einem anderen Stil als die meisten, nämlich in einer eher ungewöhnlichen Seitenlage. In einem Hamburger Zirkus stellte er im April 1928 einen Rekord im

Dauerschwimmen auf: Die Veranstaltung war als ein Wettkampf zwischen Tier und Mensch angekündigt und aufgezogen worden. Leo, ein Seelöwe, gegen Otto, den weltmeisterlichen Kurbäderschwimmer. Nach 38 Stunden musste der Seelöwe wegen Erschöpfung aus dem Wasser geholt werden, Otto Kemmerich schwamm noch ganze acht Stunden weiter seine Runden. Er hatte längst mit allen deutschen Seebädern, die sich um ihn als Attraktion rissen, Verträge abgeschlossen und seine Auftritte waren fester Bestandteil der Veranstaltungsprogramme an Nord- und Ostsee. Strecken von bis zu 100 km Länge durch die offene Ostsee legte er mehrfach zurück.

Sein vielleicht spektakulärster Auftritt auf Norderney fand am 5. Juli 1930 statt. Es stand abermals die Durchquerung der Meeresbreite von Juist nach Norderney auf dem Programm. Um den Nervenkitzel zu erhöhen, wählte er für sein Unterfangen den Zeitpunkt der ungünstigsten Strömungsverhältnisse aus und ließ zudem verlauten, dass er sich selbst nur 50 % Chancen gab, erfolgreich bei »Halbzeitstrom« durchzukommen. Er kam durch und hielt anschließend einen Vortrag im »Roten Teppich« vor ausverkauftem Haus. Dem Publikum präsentierte sich bei dieser Gelegenheit nicht nur der kühne Schwimmer selbst, nein, er hatte auch Lea dabei, eine abessinische Löwin, die als Wunder der Raubtierdressur und als lebendes Maskottchen vorgestellt wurde. Das Publikum war fasziniert und begeistert ob der gebotenen Exotik.

Nach dem Zweiten Weltkrieg wollte der Schwimmstar im Rentenalter sich und der Welt noch einmal beweisen, dass er als Dauerschwimmer noch immer zu großen Taten fähig sei. Im August 1952 startete er den Versuch, von Esbjerg in Dänemark rund 200 km nach Husum zu schwimmen: In Etappen von Insel zu Insel, wo er jeweils an Land ging, sich dem Publikum zeigte und etwas Atem schöpfen konnte. Er erreichte auf diese Weise ohne besondere Vorkommnisse oder Probleme Sylt. Schließlich galt es nun auch, die 15 km breite Passage zwischen Hörnum auf Sylt und Amrum zu bewältigen. Die Brandung war an diesem Tag besonders stark. Dreimal warfen ihn die Wellen zurück an den Strand, beim vierten Mal riss die Verbindungsleine zu seinem Schwimmsack, der dabei mitsamt seinen Utensilien verloren ging. Aber Otto Kemmerich wollte nicht aufgeben, versuchte es noch einmal mit aller Macht und schaffte es schließlich ins offene Meer. In Amrum jedoch wartete man an diesem Tag vergebens auf ihn.

Am 18. August, eine Woche nach seinem Start in Hörnum, fand man seinen Leichnam im Wasser und zog ihn an Land. Die Norderneyer Badezeitung unterrichtete ihre Leserschaft von seinem Ableben mit der Bemerkung, dass »der energiegeladene und körperlich kräftige 66-jährige Otto Kemmerich die mörderische Macht der Nordsee, die ihn nun ruhmlos verschlang«, offensichtlich unterschätzt hatte.

(verschiedene Sorten Fisch, Möweneier) oder tonnenweise Schill, einkassierte und die festgesetzten Dienstleistungen anordnete und verrichten ließ. Die nicht ganz unwesentlichen Einnahmen aus dem eingesammelten Strandgut (»dem allerschändlichsten Gewinn«), dessen Einbringung der Inselvogt auch im eigenen Interesse überwachte, wurden so aufgeteilt, dass ein großer Teil, beglaubigt vom Pfarrer, an den Inselvogt ging und davon auch an seine Herrschaft auf dem Festland. Ein Teil ging an den ursprünglichen Besitzer der Waren des havarierten Schiffs, sofern er ihn reklamieren konnte, und ein weiterer an die Familie, die das Gut aufgelesen hatte. Man kann sich vorstellen, dass es sich hierbei um eine Quelle für ständige Querellen handelte.

Deshalb auch war der Inselvogt mit polizeilichen Vollmachten ausgestattet. Mancher von ihnen übte sein Amt so despotisch aus, dass man denken kann, auf der Insel wurden rechtsfreie Zeiten des Wilden Westens vorweggenommen.

Der Inselvogt besaß im Übrigen als einziger das Schankrecht und ein Fuhrwerk für den Abtransport des Strandguts. Zu seinen Pflichten gehörte der Deichschutz und die Absicherung der Dünen, die weder von den Menschen noch vom Vieh niedergetreten werden durften – sie waren schließlich die Lebensversicherung der Insulaner.

Die erste relativ zuverlässige Schätzung über die Zahl der Einwohner liegt für das Jahr 1550 vor. Es sind 16 Personen in einem Rechnungsbuch vermerkt, die auf der Insel abgabepflichtig waren, sodass man bei der durchschnittlichen Größe der damaligen Familien und Haushalte auf etwa 80 Inselbewohner kommt.

Um 1700 herum gab es etwa 250 Einwohner und kurz nach 1800 überschritt die Einwohnerzahl die 600. Verlässliche Zahlen über die Insel gibt es seit 1688, weil ab da die Kirchenbücher, in denen die wesentlichen familiären und äußeren Ereignisse wie Geburten, Taufen, Konfirmationen, Trauungen, Krankheiten, Sturmfluten und Sterbefälle vermerkt wurden, erhalten sind oder zumindest ihr Inhalt dokumentiert ist.

Oben: Badenixen im flachen Wasser
Mitte: Posieren vor den Badekutschen
Unten: Die Anfänge des Kurens im 19. Jahrhundert

Das Conversationshaus. Kupferstich nach einer Zeichnung von A. von Halem, um 1835

Abgesehen von den meist durch das Meer ausgelösten Naturkatastrophen spielte sich das Leben auf Norderney bis ins 18. Jahrhundert relativ unaufgeregt abseits der großen historischen Umwälzungen ab. Ein gewisser Reichtum kam auf die Insel, weil die Männer bald als Matrosen, Schiffsoffiziere, Kapitäne oder als Walfänger auf den Weltmeeren unterwegs waren. Oft verloren sie allerdings auch ihr Leben auf See, wie sich aus den Kirchenbüchern erschließen lässt.

Vermutlich die einschneidendste Maßnahme, die das Gesicht und den Charakter der Insel verändert hat und bis heute bestimmt, war die Genehmigung, Norderney zum Seeheilbad zu erklären. Sie wurde 1797 von der damals zuständigen preußischen Verwaltung ausgesprochen und damit war die Insel an der deutschen Nordsee das erste Kurbad dieser Art, das auf die heilende Wirkung von Meerwasser und salzhaltiger Luft setzte. Dieser Schritt bewirkte, dass sich von da an die Zahl der Norderneyer, die sich in fremden Diensten in aller Welt ihren Lebensunterhalt suchen mussten, allmählich verringerte und dass stattdessen nun die Insulaner die Welt bei sich zu Hause empfingen, um sie zu bewirten, zu pflegen, zu heilen, zu unterhalten und darüber ein neues, zunehmend einträglicher werdendes Auskommen für sich zu gewinnen.

Wechselnde Herrschaften

Fast gleichzeitig mit der Erhebung zum Seeheilbad wurden plötzlich auch die macht- und weltpolitischen Verhältnisse jenseits des eigenen Tellerrands auf der Insel unmittelbar erfahrbar. Kannte man die Französische Revolution und ihre Lehren und Auswirkungen zunächst nur vom Hörensagen oder aus der Presse, standen der Norderneyer Bevölkerung plötzlich im Jahre 1810 bis zu 300 französische Soldaten gegenüber. Diese sollten mit ihrem bewaffneten Einsatz dafür sorgen, dass das bis dahin von den

Drei Straußenvögel und der Schatz der Lavinia

Ein Sturm mit der Windstärke 10 wütete in der Nacht vom 28. auf den 29. März 1925 über der Nordsee und wühlte von Nordwesten her das Meer auf. Schneeböen fegten über das Wasser und die Insel hinweg. Irgendwann nach drei Uhr stiegen draußen auf See Notsignale am Nordstrand auf. Der Nachtwächter Onno Pauls bemerkte sie als erster und verständigte Johann Friedrich Raas, den Vormann des Rettungsbootes »Fürst Bismarck«. Kurz darauf schallte das Handhorn durch die Gassen der Insel, scheuchte die Besatzung aus den Betten und rief sie zum Rettungsbootschuppen am Weststrand. Gleichzeitig liefen dort zwei Pferdefuhrwerke auf, um die »Fürst Bismarck« zu Wasser zu lassen. Nur schemenhaft war ein knapp 70 m langer, auf dem Riff vor Norderney gestrandeter Frachter zu erkennen. Es dauerte fast eine Stunde bis die Rettungscrew durch die wild wogende See das havarierte Dampfschiff erreichte. Die »Lavinia« war auf dem Weg von London nach Hamburg durch einen Motorschaden manövrierunfähig geworden. Ein Abschleppmanöver durch ein vorbeifahrendes Schiff misslang in der Nacht, weil die Schlepptrosse riss. Auch der Versuch, die einer Hamburger Reederei gehörende »Lavinia« zu verankern, ging fehl, weil ihre Ankerkette brach.

Als die »Fürst Bismarck« die »Lavinia« erreichte, hatte das Schiff kaum Schlagseite. Von daher blieben Kapitän Haack und die Mehrzahl der Besatzung an Bord. Der wahre Grund dafür, dass der Kapitän das Schiff nicht verlassen wollte, kam noch im Laufe des Tages ans Licht. Gegen Mittag zeigte sich, dass die »Lavinia« doch leck geschlagen war und die Gefahr bestand, dass sie Schlagseite bekommen könnte. Die Besatzung hisste die Notflagge und wurde nun endgültig an Land gebracht. Noch im Rettungsboot auf der Fahrt zum Strand bat der Kapitän die Retter um äußerste Diskretion. Er eröffnete ihnen, dass er neben der üblichen Ladung Kaffee-, Mehl- und Reissäcke noch 180 Gold- und 580 Silberbarren an Bord habe. In heutigem Geld hatte die Fracht einen Wert von über 25 Millionen Euro (andere Quellen sprechen sogar von 46 Millionen Euro). Es handelte sich bei dieser Fracht um einen Teil des vom US-amerikanischen Kongress bewilligten Darlehens in der Höhe von 800 Millionen Dollar für die ökonomisch noch ungefestigte deutsche Republik. Deutschland sollte demnach seine Reparationsschulden in Form von Industrieprodukten bezahlen. Dazu musste aber der Wirtschaft der Weimarer Republik erst einmal per Kredit auf die Beine geholfen werden. So jedenfalls sahen es damals die amerikanischen Parlamentarier. Dass diese eher kurzfristig gewährten Darlehen später dazu beitrugen, dass die Weltwirtschaftskrise eskalierte, war zu diesem Zeitpunkt noch kein Thema.

Bevor man daran gehen konnte, die wertvolle Ladung an Land zu bringen, musste die Seenotleitstelle der Gesellschaft zur Rettung Schiffbrüchiger (GzRS) in Bremen um Erlaubnis gebeten werden, denn die Seenotretter waren nur befugt, Personen und Schiffe zu bergen, aber keine Fracht. Da aber kein Schiff unter diesen noch immer stürmischen Bedingungen in der Lage war, an die gestrandete »Lavinia« heranzukommen, gab Bremen grünes Licht zur Bergung der Ladung. Als die Rettungscrew wieder zurück an Bord des Havaristen gelangte, stellten sich ihr unvermittelt drei aufgeregte, ausgewachsene Straußenvögel in den Weg. Sie waren in London als Lieferung für Hagenbeck in Hamburg an Bord genommen worden und mittlerweile aus ihren Käfigen ausgebrochen. Mit Gemüse gelang es den Rettern, die Strauße wieder zurück in die Käfige zu locken. Die Gold- und Silberladung wurde dann in mehreren Fuhren auf der Höhe des Café Cornelius an den Nordstrand gebracht, von einer Abordnung von Soldaten in Empfang genommen und unter deren Bewachung auf Rollwagen in die Norder Bank gegenüber der Post befördert. Zahlreiche Einheimische und einige interessierte Gäste wohnten den Vorgängen, die den ganzen Tag in Anspruch nahmen, trotz der Kälte mit großer Ausdauer bei. Hilfsangebote von Booten anderer Inseln, zu denen die Kunde von der bevorstehenden Bergung des Edelmetallschatzes durchgedrungen war und die in Scharen vor Norderney aufgetaucht waren, lehnten die Norderneyer Retter im eigenen Interesse vorausschauend ab. Denn jeder der fünfzehn Mann des Ruderrettungsbootes »Fürst Bismarck« erhielt zum Dank für seinen Einsatz 3.600 Reichsmark, was damals ein fürstliches Entgelt war, denn ein Schlosser verdiente vergleichsweise im Jahr etwa 2.860 und ein Matrose gar nur 2.170 RM. Die GzRS, die ihr segensreiches Werk nur aufgrund von Spenden aufrecht erhalten kann, wurde mit 100.000 RM bedacht. Man kann sich vorstellen, dass jedes Crewmitglied das Gros des Geldes in den Ausbau seiner Gästeunterkunft, sein Lokal oder seinen Laden investiert hat, um so am Aufschwung des Inseltourismus noch besser teilhaben zu können.

Das Kurtheater auf Norderney wurde 1894 eröffnet

Eiländern mit den Engländern betriebene Schmuggelwesen, das die Franzosen selbstredend als Unwesen klassifizierten und indizierten, beendet wurde. Die Kontinentalsperre des französischen Imperators sollte auch auf der Insel wirksam durchgesetzt werden. Norderney wurde plötzlich aus strategischen Gründen des nachrevolutionären Kaiserreichs zu einem integralen Bestandteil eines französischen Departements, namens »Ems-Oriental«.

Man genoss nun zwar die im napoleonischen Code Civil verbrieften neuen Freiheiten und Rechte, musste aber auch für die Weltmachtambitionen des Korsen seine Knochen hinhalten. Neben der Aushebung der wehrfähigen jungen und weniger jungen Männer bedrückten die Forderungen und Requirierungen des Besatzungsregimes die Einwohnerschaft. Außerdem bewirkte allein die französische militärische Präsenz nicht nur den beabsichtigten Rückgang des für illegal erklärten auswärtigen Handels, sondern auch, dass die Einnahmen aus dem kaum angelaufenen Kur- und Beherbergungsgewerbe drastisch einbrachen. Immerhin waren im ersten Jahr des Kurbetriebs bereits 250 Gäste auf der Insel erschienen.

1804 hatte sich die Besucherzahl bereits verdoppelt. Knapp 70 der 106 auf der Insel vorhandenen Häuser konnten Gäste aufnehmen, allerdings pro Haus nur zwei Personen, sodass größere Familien sich auf mehrere Häuser verteilen mussten. Hier war in der Frage der Erweiterung der Gästezimmer noch Luft nach oben.

Erst mit der endgültig besiegelten Niederlage Napoleons und dem Abschluss der Verhandlungen und des Friedensvertrags von Wien lief der Kurbetrieb wieder zügig an und weitete sich aus. Bereits 1814, also noch mitten in den Verhandlungen, kamen das erste Mal mehr Gäste als es Bewohner der Insel gab (610:618).

Norderney, das wie die gesamte Region Ostfriesland mit dem Tod des erbenlosen Carl Edzard, des letzten Fürsten aus der Herrschaft der Cirksena, 1744 unter die Fittiche des preußischen Königs, Friedrichs des Großen, gelangt war, wurde nach dem französischen Debakel in der Völkerschlacht bei Leipzig zunächst wieder dem Königreich Preußen unterstellt.

Nach dem Abschluss des Wiener Kongresses jedoch wechselte es in die Hände des frisch zum Königtum erhobenen Hauses Hannover über. Dieser Herrschaftswechsel erwies sich mittelfristig als ein weiterer kräftiger Schub für die Entwicklung der Insel als nobles Seeheilbad.

Bunkerruine aus kriegerischen Zeiten

Ab 1836 nämlich residierte der Thronfolger und spätere König Georg V. bis zu seiner unfreiwilligen Entmachtung 1866 jeden Sommer auf der Insel und begründete ihren Ruf als Kurbad ersten Ranges.

Mitglieder des deutschen Adels, der Generalität, des Großbürgertums, der freien Berufe und wer es sich aus dem Großbürgertum sonst leisten konnte, verbrachten in großer Regelmäßigkeit die Sommersaison auf Norderney.

Auch Künstler aller Genres fanden sich ein: zur Genesung, zur Erholung, um vor Publikum aufzutreten oder um das eine mit dem anderen zu verbinden. Als Preußen die Herrschaft nach der Niederlage Hannovers wieder übernahm, blieb Norderney weiterhin als Ort der Erholung en vogue und wurde um die vorletzte Jahrhundertwende zum sommerlichen Nabel der reichsdeutschen Politik.

Fürst Bernhard von Bülow, seines Zeichens Reichskanzler, empfing Diplomaten aus dem zaristischen Russland, dem britischen Empire und nicht zuletzt auch seinen Vorgesetzten, den deutschen Kaiser. Mehr Glanz für die Insel war zu Wilhelms Zeiten kaum vorstellbar.

Die Anhänglichkeit der politischen Prominenz Norderney gegenüber ist

Das Deutschordenskreuz auf einer Tür am Bahnhof Stelldichein

Die Geschichte der Juden auf Norderney

Norderney war im Gegensatz zu den meisten Nordseebädern von Anbeginn ein bevorzugter Tummelplatz der höchsten Kreise des Adels, der Großbourgeoisie und derer, die dazu gehören wollten oder sich einen Aufenthalt leisten konnten. Hier war alles etwas luxuriöser und auch entsprechend teurer als auf den meisten nacheifernden Inseln. Bis zur Ernennung zum Seeheilbad gab es, abgesehen von gelegentlichen Besuchern und Belieferern des insularen Wochenmarktes, auf der Insel keine jüdischen Bürger. Mit der anschwellenden Welle der Seebadbesucher kamen etwa ab 1820 auch die ersten jüdischen Gäste nach Norderney. In ihrem Gefolge ließen sich mit der Erlaubnis der Obrigkeit ab 1840 der erste jüdische Bäcker und etwas später der erste jüdische Schlachter auf der Insel nieder, denn sie konnten für die stetig wachsende jüdische Badeklientel mit den gewünschten koscheren Speisen aufwarten. Beim Schlachter durften die ihren Glauben praktizierenden jüdischen Besucher auch bald einen seiner privaten Räume als Betsaal benutzen.

Da einige der anderen Nordsee- und auch Ostseebäder mit ihrer offensiven, deutlich antisemitischen Werbung auf eine nationalistisch bis chauvinistisch eingeschworene Klientel abzielten und Norderney sich dieser Kampagne in den offiziellen Verlautbarungen nicht anschloss, wurde die Insel mehr und mehr zur favorisierten Sommerfrische jüdischer Bürger. Beredte Beispiele für das Ausmaß der antisemitischen Anfeindungen anderswo an der Küste sind ein Borkum-Lied (bereits um 1900) und ein Wangerooge-Lied, in welch letzterem es heißt: »Und tausendstimmig schallet unser Schrei: der Jud' muss raus, er muss nach Norderney«. In den Zeiten eines verschärft grassierenden Antisemitismus im wilhelminischen Deutschland und im Deutschland der Weimarer Republik machten jüdische Bürger auf Norderney häufig 30 bis 50 % der Badegäste aus.

In den 1870er Jahren wurde der Wunsch der jüdischen Besucher nach einer eigenen Synagoge auf der Insel immer deutlicher bei den Behörden vorgetragen. 1878 schließlich wurde sie mit den Spenden eines Vereins jüdischer Badegäste und aufgrund eines Sondererlasses durch den deutschen Kaiser Wilhelm I. erbaut. Sie war nur während der Saison und in erster Linie für Badegäste geöffnet. Die ortsansässigen jüdischen Bürger bildeten weiterhin keine eigenständige Gemeinde auf der Insel, sondern blieben eine Filiale der jüdische Gemeinde in Norden und begruben auch dort auf dem jüdischen Friedhof ihre Toten.

Die Synagoge diente bis 1933 den jüdischen Badegästen als Bethaus und wurde kurz nach der Machtübernahme der Nazis geschlossen. Durch die zunehmenden faschistischen Repressionen auch auf der Insel verlor die jüdische Einwohnerschaft nach und nach ihre Mitglieder und auch die jüdischen Badegäste wurden merklich weniger. Das mondäne Seebad Norderney holte nun nach, was vor 1933 noch undenkbar schien. Der in den 1920 und 30er Jahren beliebte Brauch, einen

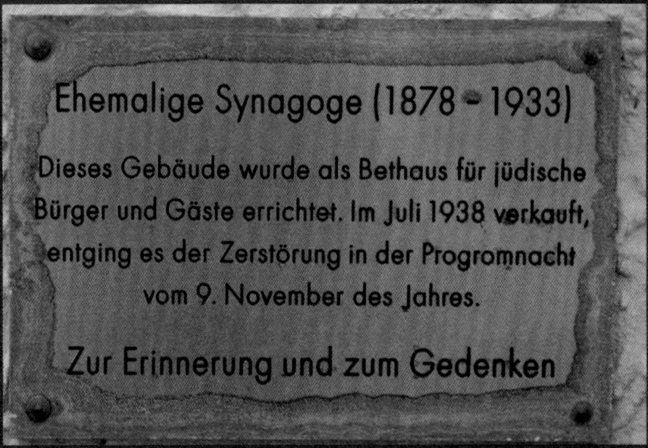

Brief mit einer Art Siegelmarke zu verschließen, wurde genutzt, um nun auch mit einem sich volkstümlich gebenden Reim auf einer solchen Marke zu verkünden, dass Norderney nun »judenfrei« sei. Noch vor der Reichspogromnacht wurde das Gebäude der Synagoge an einen Eisenhändler verkauft und vom ihm in einen Lagerraum umgewandelt. Einschließlich eines missglückten Versuchs einer Abteilung von SA-Männern, den Davidstern vom Gebäude zu entfernen, überstand die Synagoge zunächst unversehrt den 10. November 1938 – sie war ja schon keine jüdische Gemeindestätte mehr. Die Kultgegenstände des Gotteshauses waren bereits beim Verkauf des Gebäudes in jüdische Obhut genommen worden. Die verbliebenen jüdischen Anwohner kamen an diesem Tag zunächst vergleichsweise glimpflich davon. Sie wurden in der Nähe des Kurtheaters zusammengetrieben, aber am Abend wieder nach Hause geschickt.

Doch dabei blieb es nicht. Spätestens 1942 waren alle jüdischen Bürger, von denen es 1933 noch mindestens 28 auf der Insel gegeben hatte, entweder geflohen oder in den eroberten Osten deportiert und kurz darauf dort ermordet worden. Stolpersteine in der Bismarckstraße, der Karlstraße und der Strandstraße erinnern bisher an das Schicksal von acht einheimischen jüdischen Opfern. Weitere Stolpersteine könnten noch hinzukommen.

Nach dem Zweiten Weltkrieg diente die ehemalige Synagoge in der Schmiedestraße verschiedenen weltlichen Zwecken: als Disko, als Steakhaus und als italienisches Restaurant. Sie wurde so umgebaut, dass nur noch die Nordmauer vom ursprünglichen Gebäude vorhanden ist. Im Augenblick wird sie, oder was von ihr noch geblieben ist, wieder als Restaurant genutzt. Seit 1996 erinnert eine Gedenkplatte an die ursprüngliche Bestimmung des Gebäudes.

Impressionen eines mondänen Seeheilbads

im Übrigen bis in unsere Tage hinein nicht erloschen. Im Gegenteil: mehrere Bundespräsidenten, Bundeskanzler und auch die Bundeskanzlerin waren schon hier, um nur die Spitzen der bundesdeutschen politischen Crème de la Crème anzusprechen.

Norderney im 20. Jahrhundert

Die beiden Weltkriege hat Norderney trotz aller berechtigten Sorgen vor Invasionen und Bombenabwürfen vergleichsweise unbeschadet überstanden. Im Ersten Weltkrieg wurde der Kurbetrieb komplett eingestellt und die Insel zu einer Seefestung ausgebaut. Dazu wurde auch eine Eisenbahnlinie eingerichtet, die Baumaterialien und Waffen zu den geplanten Bollwerken zu befördern hatte. Die befürchtete Invasion fand jedoch nicht statt. In der Zeit zwischen den Kriegen nahm der Badebetrieb einen neuen Aufschwung. Symbol dieses Aufschwungs war das erste Meerwasser-Wellenbad Europas am Weststrand mit einer technisch ausgefeilten Wellenmaschine. Nach der Machtübernahme der Nazis wurde es für jüdische Bürger zunehmend unmöglich gemacht, in den Seebädern ungestört oder überhaupt Urlaub zu machen.

Im Zweiten Weltkrieg wurde die Insel abermals aufgerüstet, um in erster Linie Marinefliegern als Basis zu dienen. Sogar ein neuer Fliegerhorst war vorgesehen. Die Befestigungen und Bunkeranlagen waren gedacht als Bestandteil des die Westküste Europas bis Südfrankreich überspannenden Atlantikwalls, der eine alliierte Invasion verhindern sollte. 2.000 Soldaten, ihre Angehörigen und weiteres Zivilpersonal wurden stationiert und hauptsächlich im Bereich der Nordhelm-Siedlung untergebracht. Der öffentliche Kurbetrieb wurde bei Kriegsbeginn im September 1939 sofort eingestellt, aber nicht das Kultur-, Unterhaltungs- und Propagandaprogramm für die Mitglieder der Streitkräfte, deren Angehörigen und die Inselbevölkerung.

Die Soldaten stellten aus den eigenen Reihen schließlich sogar eine veritable Schauspieltruppe auf die Beine. In den Jahren 1940/41 wurden gelegentlich Bomben von den Alliierten auf eine Gärtnerei und auf Häuser und Geschäfte im Stadtzentrum abgeworfen, was einiges an Zerstörungen hinterließ. Danach flogen die Bomberflotten zu anderen Zielen ins Hinterland über die Insel hinweg. Noch kurz vor Ende des Krieges kamen, wie eine Inselchronik lakonisch vermerkt, zwei Besatzungsmitglieder eines Fischkutters bei Tieffliegerangriffen ums Leben.

Nach dem Zweiten Weltkrieg nutzte zunächst die britische Besatzungsmacht die intakt gebliebenen Einrichtungen des Seeheilbads für ihre Soldaten und deren Angehörige. Norderney wurde Teil des Bundeslandes Niedersachsen und die ganze Insel 1948 in den Rang einer Stadt erhoben. Man besann sich als offizielles »niedersächsisches Staatsbad« sofort darauf, den Kurbetrieb wieder aufzunehmen. Bereits 1947 kamen über 35.000 Badegäste. 1952 wurden die letzten alliierten Beschränkungen diesbezüglich aufgehoben.

Mit dem zügigen Auf- und Ausbau einer modernen touristischen Infrastruktur wurde jedoch, wie in der aufstrebenden Bundesrepublik fast schon symptomatisch, manche Perle der historischen Bäderarchitektur stillos beseitigt. Immerhin wurde die Bebauung auf den Westteil der Insel begrenzt und 1986 der Nationalpark Niedersächsisches Wattenmeer gegründet, der den Osten der Insel und das Watt vor unliebsamen menschlichen Zugriffen schützen soll.

Die vielfältigen Varianten der traditionellen Bäderarchitektur

1993 wurde der Nationalpark von der UNESCO zum Biosphärenreservat erklärt. 2009 schließlich erfolgte seine Aufnahme als Weltnaturerbe in die Liste der sorgsam zu pflegenden Landschaften, womit dem Wattenmeer die höchste Schutzstufe, die von der UNO vorgesehen ist, zuerkannt wurde.

Inselhäppchen

He!
Teegedeck
Boßeln
Multitalent Sanddorn
Der Rekord einer Schnepfe
Tourismus auf Norderney

He!

Der Gruß im ostfriesischen Plattdeutsch: »Moin« oder das fast schon als geschwätzig empfundene »Moin moin« des Großstädters werden natürlich verstanden und sind toleriert, aber der eigentliche Gruß auf Norderney ist ein frisches, fröhliches »He!«. Ob es die noch kürzere Form von »hey!« ist oder gar mit dem amerikanischen »Hi!« (sprich: hai) verwandt ist, weiß keiner so recht. Immerhin hat sich »Hi!« aus dem mittelenglischen »Hy!« entwickelt und das scheint vom Norderneyer »He!« ja auch nicht so weit entfernt. »Moin« ist im Übrigen keine mundartliche Verstümmelung von »Morgen«, sondern heißt schlicht »gut« oder »schön« und wird den ganzen Tag über als Gruß gebraucht. Man denkt sich den Morgen, den Tag und den Abend jeweils einfach dazu. Für Norderney also »He!«, auch zu jeder Tages- und Nachtzeit.

Teegedeck

Für Tee, Sahne und Kluntjes ist zwar auch immer Gelegenheit, aber in der Regel findet dieses zu einer Zeremonie jederzeit ausbaufähige Teetrinken am Nachmittag statt. Dass der Nachmittag allein dafür nicht ausreichend in Frage kommt, machen die Verbrauchszahlen deutlich. Im Jahr 2019 wurden pro Kopf der Bevölkerung in Ostfriesland 300 Li-

Ein typisches ostfriesisches Teegedeck

ter Schwarz- und Grüntee konsumiert. Das behauptet jedenfalls der Teereport des Deutschen Tee- und Kräuterverbandes. Diese Menge ist zehnmal höher als im übrigen Bundesgebiet. Übrigens sind es auch um fast 80 Liter mehr, als die Briten im Durchschnitt trinken. Mit anderen Worten: das ist ein einsamer Weltrekord, auch wenn man in Ostfriesland gerne den Tee gemeinsam trinkt.

Zur Zubereitung des Tees spült man die Kanne kurz vor dem Einschenken mit heißem Wasser aus, damit der Tee möglichst lange warm bleibt. Außerdem stellt man ein Stövchen mit einem brennenden Teelicht bereit. Das typische Teegeschirr ist mit Rosendekor verziert. Wie viele Minuten man den Tee ziehen lässt, ist eine Frage des persönlichen Geschmacks und des Härtegrades des verwendeten Wassers. Bevor man den fertigen Tee eingießt, gibt man in jedes Tässchen ein Kluntje, womit ein Stück weißen Kandiszuckers gemeint ist. Ein solches Kluntje reicht (auch je nach Gusto) für drei Tässchen, und drei sollten es schon sein.

Der heiße, goldbraune Tee lässt beim Einschenken den Zucker zart knistern. Das ist Musik in den Ohren des Adepten. Das Sahnehäubchen für den ostfriesischen Tee ist tatsächlich ein Löffelchen Sahne, aber natürlich ungeschlagen und

Ostfriesentee

Klassische Schwarzteesorten wie Assam, Darjeeling und Ceylon werden für diese berühmte Mischung miteinander kombiniert und auch immer wieder neu aufeinander abgestimmt. »Echter Ostfriesentee« darf er allerdings nur dann genannt werden, wenn er auch in Ostfriesland gemischt wurde. Teekompositionen von außerhalb werden z.B. als »ostfriesische Mischung« bezeichnet.

behutsam am Rand ins Tässchen mit einem extra Sahnelöffelchen aus Silber geträufelt. Man rührt die Sahne keinesfalls um und lässt sie ihr eigenes kleines Schauspiel aufführen. Zunächst sinkt sie, weil sie noch kühl ist, langsam nach unten und hinterlässt nur eine schwache Spur an der Oberfläche. Schließlich steigt sie wärmer geworden in weißen bis cremefarbenen Wölkchen (»Wulkje«) wieder nach oben und breitet sich von selbst etwas aus.

Passend zum Tee isst man eine mit Butter bestrichene Scheibe Rosinenbrot, das Krinthstuut heißt, in dessen Namen sich unverkennbar die Korinthe verbirgt. Das ganze sollte mit einer gewissen Beschaulichkeit und Gemütlichkeit vonstatten gehen. Ein gehaltvoller Klönschnack ohne ungutes oder unmäßiges Unken erhöht das Vergnügen. Wer sich auf diese Art des Teegenusses einlässt, pflegt etwas, das seit 2016 zum immateriellen UNESCO-Weltkulturerbe gehört. Immerhin hat dieser ostfriesischer Brauch ein ungefähr dreihundertjährige Tradition.

Boßeln

Dieser original ostfriesische Mannschaftssport wird anders als das verwandte und historisch ältere Klootschießen auf der Straße und nicht auf hartgefrorenen Feldern gespielt. Er wird deshalb manchmal auch Straßenboßeln genannt. Er hat einfache Regeln und erfordert doch ein gewisses Geschick und wohl auch etwas Kraft. Eine Mannschaft besteht aus bis zu sechs (bei einer längeren Boßelstrecke auch gern mehr) Personen. In der Regel treten zwei Mannschaften gegeneinander an. Das Ziel ist

Eselsbrücken

Um sich die Reihenfolge der bewohnten ostfriesischen Inseln von West nach Ost zu merken, hat man sich einige Eselsbrücken ausgedacht. Drei der bekannteren lauten:

Bei jeder Nordseeinsel buddeln lustige Seeleute Wattlöcher.

Beim Joggen nicht blöd lachen, sondern weitermachen.

Bei jeder neuen Brise lächelt Sonja wehmütig.

Und nun Ihre Version?

B............. J............. N.............
B............. L............. S.............
W.............

Man kann sich natürlich die Reihenfolge gegen den Strich von Ost nach West ebenso mit einer Eselsbrücke merken. Häufig wird dabei so getan, als könne das „j" für Juist durch „i" ersetzt werden wie im folgenden Beispiel:

Welcher Seemann liegt bei Nanni im Bett?

Aber das ist eigentlich gemogelt. Das muss doch besser gehen. Vielleicht so:

Welcher Seeräuber liebt bei Nebel jähe Brecher?

Und was ist Ihr Vorschlag?

W............. S............. L.............
B............. N............. J.............
B.............

es, die mehr als zwei Pfund schwere Kugel des eigenen Teams mit möglichst wenigen Versuchen der Teammitglieder auf einer beliebig langen Strecke (4 oder 6 km) über eine vorher festgelegte Ziellinie zu befördern. Die Strecke kann auch ein Rundkurs sein oder sich aus einem Hin- und Rückweg mit einer Wendemarke zusammensetzen.

Der Anfang einer Partie ist immer gleich: Der erste Boßler aus einem Team (A) rollt die Kugel auf der Straße oder dem asphaltierten Weg entlang, möglichst mittig und mit viel Schwung, damit sie richtig weit kullert. Dann folgt die zweite Mannschaft (B) mit ihrem ersten Boßler und ihrer Kugel. Fortgeführt wird das weitere Boßeln immer durch die nächsten Teammitglieder der zurückliegenden Mannschaft, solange bis ihre Kugel die Kugel des anderen Teams überholt hat. Man wirft die Kugel immer von dort weiter, wo sie nach dem Ausrollen liegen geblieben ist. Verlässt

Die Creole: Was ist eigentlich ein »Schlitzohr«?

von Jan Schröter

Wenn Sie auf der Insel ankommen, oder vielleicht auch schon auf der Fährfahrt, wird Ihnen vermutlich auffallen, dass bemerkenswert viele Männer einen Ohrring – eine sogenannte »Creole« – tragen. Das ist, so sagen die echten Norderneyer, zum einen ein Bekenntnis der Männer zu »ihrer Insel«, zum anderen ein Bekenntnis zur christlichen Seefahrt.

Ein Seemann trug früher seine Creole mit Monogramm oder Namensgravur, so konnte er – sollte er ein Opfer des Meeres geworden und als Wasserleiche angeschwemmt worden sein – identifiziert werden. Der Finder musste dann versuchen, die Angehörigen ausfindig zu machen und diese von dem traurigen Ereignis benachrichtigen. Außerdem hatte er für ein christliches Begräbnis zu sorgen. Dafür durfte er die Goldcreole behalten. Diese Regelung war für alle Beteiligten sinnvoll: Die Angehörigen konnten sicher sein, dass ihr Seemann in geweihter Erde begraben wurde, der Finder hingegen behielt meist einiges vom Wert der Creole übrig – auch wenn er das Begräbnis bezahlen musste.

Kam man nun aber einem auf die Schliche, der unchristlich handelte, indem er die Creole behielt, die Wasserleiche jedoch anderweitig »verschwinden« ließ (um die Beerdigungskosten zu sparen), so riss man ihm seine Creole aus dem Ohr – allerdings ohne sie vorher zu öffnen! Damit war dieser dann für sein Leben gezeichnet, und es bedarf keiner blühenden Fantasie sich vorzustellen, woher denn wohl der Ausdruck »Schlitzohr« kommt.

eine Kugel die Straße oder den Weg und landet in der Walachei, wird sie im rechten Winkel auf die Strecke zurück gebracht und von dort vom nächsten Teammitglied weiter gerollt. Natürlich wird jeder Wurf dokumentiert, indem man auf einem Zettel Buch führt oder die Würfe für jede Mannschaft auf dem Smartphone festhält. Die Mannschaften behalten innerhalb ihrer Teams immer dieselbe vor dem Beginn des Wettbewerbs festgelegte Reihenfolge der Werfer bei. Ein Unentschieden, das theoretisch bei der gleichen Anzahl von Würfen durch beide Teams möglich wäre, wird dadurch vermieden, dass dasjenige Team gewinnt, dessen Kugel im letzten Wurf weiter über die Ziellinie hinausschießt als die des anderen Teams. Damit heißt das auch, dass die Kugel, die als erste über das Ziel hinaus rollt, sagen wir von Team A, solange liegen bleiben muss, bis auch Team B den entsprechenden Wurf vollendet hat. Der ganze fröhliche und entspannte Wettbewerb findet meist in der kühleren Jahreszeit statt. Zur besseren Spurtreue der Kugel soll bei manchen Mannschaften auch eine gehörige Portion Zielwasser im Spiel sein, was die Regeln offensichtlich nicht untersagen. Das Zielwasser wird üblicherweise in einem geländegängigen Bollerwagen mitgeführt.

Multitalent Sanddorn

Der Sanddorn hat auf Norderney die Funktion als Dünenfestiger übernommen. Der strauchartige Baum gedeiht auch auf nährstoffärmeren Böden und besitzt ein Wurzelwerk, das bis in eine

Sanddorn ist reich an Vitamin C

Tiefe von drei Metern in den Boden vordringt und sich zu den Seiten hin bis auf eine Breite von zwölf Metern in der Erde oder dem Dünensand ausdehnen kann. Auf diese Weise hilft der so verankerte Sanddorn, der Bodenerosion entgegenzuwirken und den Abtrag der Dünen durch Wind und Wasser einzudämmen. Die weitgehend waldlose Dünenlandschaft Norderneys kommt dem Sanddorn sehr entgegen, denn er hat es gern sonnig und licht. Sobald er von Wald überschattet wird, beginnt er zu mickern und verschwindet wieder.

Der Sanddorn hat weibliche und männliche Pflanzen. Die weiblichen bringen im Herbst Myriaden von orangefarbenen, beerenähnlichen Früchten hervor, die sich eng um die Zweige schmiegen. Diese halten sich den ganzen Winter über am Geäst, sodass sie den auf der Insel gebliebenen Vögeln in schwerer Zeit Nahrung geben. Da sich

Eine Uferschnepfe

auch der Fasan gerne beim Sanddorn bedient, wird seine Frucht mancherorts auch Fasanenbeere genannt.

Der hohe Gehalt an Vitamin C, der den der Zitrusfrüchte um ein Mehrfaches übersteigt, stärkt die Abwehrkräfte und macht die Früchte in kalt zu Saft verarbeiteter Form für den Menschen zu einem wirkungsvollen Mittel gegen Erkältungen. Ob Vegetarier, wie es oft heißt, vom Genuss des Sanddorns profitieren können, weil er auch das Vitamin B12 enthält, das der Mensch sonst aus Fleisch bezieht, scheint noch nicht abschließend geklärt.

Sanddorn, auch als »Zitrone des Nordens« bezeichnet, ist zu einer Leitfrucht an den deutschen Meeresküsten geworden und wird auch als Gelee, Marmelade, Mus, Tee oder Likör angeboten. Darüber hinaus spielt er in der Naturkosmetik eine große Rolle, wenn es um Haut- und Haarpflege geht. Die Nachfrage ist mittlerweile so sehr gewachsen, dass nur noch der geringste Teil der angebotenen Produkte aus Norderneyer Sanddorn gewonnen wird. Die größte Sanddornplantage Deutschlands befindet sich in Ludwigslust südlich von Schwerin in Mecklenburg-Vorpommern.

Auf Norderney trifft man in fast allen Lebensmittelläden, Drogerien und Kosmetikboutiquen kleinere oder größere Sanddornregale oder -abteilungen an. Daneben gibt es einige Geschäfte, die sich fast ausschließlich auf Sanddornerzeugnisse spezialisiert haben.

Der Rekord einer Schnepfe

Der Laie sieht es dem eher dezent gefiederten Vogel nicht an, wenn dieser sich im Watt für den Weiterflug in den Süden stärkt, aber in der im Vergleich zur Uferschnepfe (Limosa limosa) etwas gedrungeneren Pfuhlschnepfe (Limosa lapponica) schlummern ungeahnte Reserven. Eine ihrer Schwestern war unlängst durch einen an ihr befestigten Sender und der dadurch gewährleisteten Satellitenbeobachtung in die Schlagzeilen geraten. Sie flog mehr als 12.000 km in gut neun Tagen ohne Unterbrechung von Alaska über den schier endlos scheinenden Pazifik auf die Nordinsel von Neuseeland. Zeitweise erreichte sie Spitzengeschwindigkeiten von 100 km/h, indem sie günstige Luftströmungen geschickt ausnutzte. Im September fallen auch in Europa diese mit einer Körpergröße von etwa 40 cm ausgestatteten Vögel, aus Skandinavien kommend, in kleineren und größeren Formationen ins niedersächsische Watt ein, sodass man sie von den südlichen Deichen Norderneys aus beobachten kann. Ihre Flugrouten in die Winterquartiere im Süden führen jedoch weitgehend über Land, weshalb sie nicht ihr gesamtes Ausdauerpotential ausspielen müssen. Man erkennt sie an einem langen, leicht nach oben gebogenen Schnabel, ihrem fast schon gackernden Ruf im Flug (»gägägägä«) und einem rostroten Gefieder mit schwärzlicher Fleckung auf dem Rücken. Das Weibchen ist mit seinen gedeckteren Farben etwas unauffälliger.

Prominente Gäste

In Zeiten als »Urlaub machen« für die große Mehrzahl der Deutschen ein ferner Traum war, begann der Aufstieg Norderneys zum bevorzugten Kur- und Seeheilbad an der Nordsee. Die ersten Gäste waren entweder betucht oder adelig, oft beides. Unter den noch heute bekannten Namen machte mit **Heinrich Heine** 1825 ein Dichter den Anfang. Damals noch eher unbekannt, wurde er mit seinem Nordseezyklus und dem, was noch folgte zu einem der eloquentesten deutschen Poeten. Seine Spottlust hat man ihm zwar auf der Insel lange verargt, aber da er mit seinen Versen das Herz der Landesherrin Marie, Königin von Hannover, und des Königs selbst gewonnen hatte, wollte man späterhin auch nicht mehr nachtragend sein und hat ihm ein Denkmal gesetzt, nicht zuletzt aus Gründen einer erhofften Werbewirksamkeit.

An Bekanntheit in der Welt der Literatur kann es nur noch ein Schriftsteller und Gast auf Norderney mit ihm aufnehmen, dessen Namen für eine bestimmte Form des Absurden schlechthin steht: **Franz Kafka**. Als frisch gebackener Abiturient verbrachte er mit seinem Onkel, dem Arzt Siegfried Löwy, drei Wochen im August 1901 auf der Insel. In Begleitung dieses Onkels frönte der

Heinrich Heine war dreimal auf Norderney

später fast schon unfreiwillig zu Ruhm gekommene Schriftsteller der als der Gesundheit für besonders förderlich erachteten Freikörperkultur am Nordstrand im abgeschirmten Herrenbad. Der dritte berühmte Literat, an den mit einer Plakette an seiner damaligen Unterkunft in der Marienstraße erinnert wird, ist **Theodor Fontane**. Anders als Heine, dem man für seine Nordseedichtung mit einer gewissen Berechtigung unterstellte, dass er sich auf Norderney dazu – zumindest in Teilen – inspirieren ließ, haben weder Kafka noch Fontane eine vergleichbare Schöpfung, deren Handlung auf der Insel spielt oder mit ihr verbunden ist, ins Werk gesetzt. Von Fontane gibt es allerdings Briefe, die nähere Auskunft über seine Aufenthalte geben, von Kafka hingegen nur eine Postkarte in lakonischer Kürze: »Gruß aus Norderney. Franz. Nach dem Sturm.« Einer, der, anders als zunächst Fontane, üppig von seinen Romanhonoraren leben konnte, wie man an seinen Aufenthalten in den besten Hotels ablesen kann, war **Friedrich Spielhagen**, ein früher Bestsellerautor. Er ist heute weitgehend vergessen. Immerhin hat er den Anfang eines seiner Romane auf Norderney angesiedelt.

Franz Kafka (Fotografie aus dem Atelier Jacobi, 1906)

Ein besonderer Fall ist der britische Segler und Autor **Erskine Childers**. Wegen widriger Windverhältnisse steuerten er und sein Bruder Ende September 1897 – anstelle von Bordeaux und des Mittelmeers – spontan die ostfriesische Küste an, ankerten auch im Hafen von Norderney und ließen sich nolens volens vor Juist trocken fallen. Da ihnen die Priele, Seegatts und Fahrwasser im Watt gänzlich unbekannt waren, begannen sie, zur besseren Orientierung, die ganze deutsche Nordseeküste auf ihrer Segeltour zu vermessen und zu kartografieren. Das machte Erskine Childers im Ersten Weltkrieg zum vorrangigen Experten der englischen Flotte in Sachen Navigation in den deutschen Küstengewässern. Wie nebenbei gelang ihm 1903 mit dem Spionageroman »The Riddle of the Sands«, der auch aus dieser Tour resultierte, ein Welterfolg. Ob er je auf der Insel in einem Hotel oder einer Pension übernachtet hat, gilt als eher unwahrscheinlich, denn sein Boot war durchaus für die Übernachtung von zwei Personen ausgelegt.

Die Autorin **Hulda von Levetzow** hat ihren Inselaufenthalt genutzt, um eine bitterböse Wilhelm-Buschiade zu verfassen; mit dem kleinen Unterschied, dass ihre Protagonisten weiblich sind und dass die Streiche an den Badegästen von »Lies und Lene« jene von »Max und Moritz« an Gemeinheit und Gefährlichkeit für die Opfer locker übertreffen. Den beiden mehr als frechen Gören lässt die Autorin ein entsprechend herbes Ende zuteil werden. Ein Wal verschlingt beide und sie kommen schließlich irgendwann skelettiert wieder ans Tageslicht. Die Geschichte wurde von Francesco (Franz) Maddalena illustriert. Es gab mehrere internationale Auflagen.

Ein weiterer Schriftsteller, der aber heute mit seinem anderen künstlerischen Standbein, der Bildhauerei, viel bekannter ist, **Ernst Barlach**, gelangte mit 18 Jahren auf die Insel, um eine Rippenfellentzündung auszukurieren. Im Seehospiz traf er mit anderen Jugendlichen zusammen, von denen einer, Salomo Friedlaender, ebenfalls literarische Ambitionen hegte. Beide stachelten sich gegenseitig dazu an, jeweils eine Kurzgeschichte zu verfassen, die auf der Insel spielen sollte. Seine bildhauerischen Neigungen waren Ernst Barlach bereits zu dieser Zeit ein Thema. Bekannt aus der Zeit seines Aufenthalts sind mehrere von ihm signierte Zeichnungen und Skizzen, die Strandszenen, das Hospiz und andere bekannte Baulichkeiten wie die Windmühle, den Leuchtturm und das Cumberland-Denkmal festhalten.

Mehr als bloße Skizzen und Zeichnungen von Norderney sind von **Albert Weisgerber** erhalten, darunter das impressionistische Gemälde »Strand auf Norderney« (1910), das zu seinen bedeutendsten zählt. Es vermittelt den lichten Eindruck einer sich weithin ziehenden Promenade mit Ehepaaren und vermutlich Verliebten und Verlobten, die in locker festlicher Kleidung unter einem mediterran anmutenden Himmel auf einem fast durchscheinenden Strand auf- und abwandern. Das Bild gehört zur ständigen Ausstellung des Saarlandmuseums in Saarbrücken. Ein unmittelbar bei oder kurz nach seinem Aufenthalt 1907 auf Norderney entstandenes

Erskine Childers (1899)

Gemälde »Strand mit Fahnenstange« (1908) ist in Privatbesitz. Es zeigt vermutlich eine Ansicht von der Georgshöhe auf den Nordstrand bei Ebbe. Am hellen Strand ist neben Spaziergängern auch ein Reiterpaar hoch zu Ross zu erkennen.

Zu den prominentesten Tonkünstlern, die die Insel besuchten, zählen **Clara und Robert Schumann**, wobei bei ihrem Aufenthalt 1846 die Gattin des Komponisten die weitaus bekanntere von beiden war. Ursprünglich war Föhr als Erholungsstation für den sich unpässlich und kränklich fühlenden Ehemann ins Auge gefasst worden. Da sie aber erfuhren, dass Kronprinz Georg von Hannover wie jedes Jahr in der Sommerfrische auf Norderney erwartet wurde, änderten die Schumanns ihre Pläne und reisten dorthin. Der musikbegeisterte Thronprätendent bezog die beiden Kunstschaffenden schnell in die Hoffestivitäten der zur Sommerresidenz erkorenen Insel ein, sodass es im Logierhaus am 18. August zu einem großen Klavierkonzert kam, bei dem Clara Schumann neben Werken von Beethoven und Mendelssohn auch eine Romanze ihres Mannes spielte. Auf diese Weise versuchte sie die Aufmerksamkeit auf ihn zu lenken, die zu erlangen er sich in seiner zurückhaltenden Art schwer tat.

Auch **Engelbert Humperdinck** hat der Insel seine Aufwartung gemacht. Der deutsche Komponist der Märchenoper »Hänsel und Gretel« erholte sich im September 1899 auf Juist und ließ sich von einem begeisterten Norderneyer Orchesterleiter dazu überreden, zu einem großen Kurkonzert nach Norderney zu kommen. Zum Höhepunkt des Abends ergriff der Komponist selbst den Taktstock und dirigierte das Vorspiel zu seiner weltbekannten Oper. Selbstredend war die Begeisterung grenzenlos.

Fünf Wochen vorher hatte bereits der Komponist und Pianist **Ferruccio Busoni** mit ähnlichem Erfolg gastiert. Für die Feierlaune des Fin-de-Siècle auf Norderney steht mit **Paul Lincke**, dem Vater der Berliner Operette, ein Komponist, der zwei Jahre in den Folies Bergère in Paris für Furore gesorgt hatte. Er kam dreimal nach Norderney. Von seinem ersten Besuch 1905 weiß man, dass im Lokal, in dem er zur Begeisterung seines Publikums seine Couplets zum Besten gab, der Champagner bis in die frühen Morgenstunden in Strömen floss.

Die Liste der Prominenz auf Norderney ist nahezu endlos. Es kamen Schauspieler, Regisseure und Entertainer: darunter Heinz Rühmann bereits als Kind. Viele von ihnen sind nur noch den wenigsten bekannt.

Die Reihe der Militärs, Staatsmänner und Politiker ist, wie es scheint, sogar noch länger, denn Norderney war im Sommer bis zum Ersten Weltkrieg der adelige Nabel Deutschlands. Sie reicht von Blücher über Bismarck, Hindenburg, Bülow, Stresemann, Kiesinger, Brandt, Köhler, Wulff und Schröder bis zur ersten bundesdeutschen Kanzlerin Angela Merkel.

Lesetipp

Wer alle berühmten und vielleicht auch bedeutenden Besucher der Insel bis zum Jahr 1914, als der höfische Glanz Norderneys jäh erlosch, kennenlernen will, greife zu Michael Fleischers Buch »Berühmte Gäste Norderneys«, das reichlich Lesestoff dazu bietet.

Strandlektüre

Diese Auswahl unterschiedlichster Romane, Erzählungen und Gedichte, die in irgendeiner Form mit Norderney zusammenhängen, hat für jeden Literaturgeschmack etwas zu bieten:

Tania Blixen, **Die Sintflut von Norderney**: Die sprachlich anspruchsvolle Erzählung nimmt eine fiktive Sturmflut im Sommer des Jahres 1835 auf Norderney zum Anlass, vier vorübergehend gerettete Personen über ihr bis dahin verbrachtes Leben und ihre Ansichten zu elementaren Fragen des eigenen Seins berichten und philosophieren zu lassen. Ob die von Hemingway hoch-

Albert Weisgerber: Strand auf Norderney. Öl auf Leinwand. Das Gemälde befindet sich in der Sammlung des Saarlandmuseums in Saarbrücken.

gelobte Autorin je auf der Insel war, scheint nicht restlos geklärt.

Erskine Childers, **Das Rätsel der Sandbank**: Dieser äußerst spannende Segler- und Spionage-Roman spielt nicht vorwiegend auf Norderney, sondern im ganzen ostfriesischen Raum und reicht sogar bis in die Ostsee. »The Riddle of the Sands« verkaufte sich in den ersten Jahren nach seinem Erscheinen zwei Millionen Mal und ist und blieb der einzige Roman aus der Feder des irischen Autors.

Elsa Dix, **Die Tote in der Sommerfrische**: Der bezüglich des damaligen Zeitgeistes gut recherchierte Krimi spielt im Sommer des Jahres 1912 und verfolgt, wie zwei sich zugetane, ungleiche Gäste nicht nur behutsam an den Konventionen rütteln, sondern auch einem mörderischen Geschehen auf der Spur bleiben.

Antje Friedrichs, **Letztes Bad auf Norderney**: Im Rahmen dieses Krimis nimmt man quasi ganz nebenbei und intensiv an der täglichen, eher spannungsarmen Routine eines Aufenthalts in einer Kureinrichtung teil. Fast möchte man dem kurenden Kommissar gratulieren, dass dann doch etwas Tod in die Bude kommt. Oder war es etwa sogar Mord?

Heinrich Heine, **Hätt ich Siebenmeilenstiefel – Reisebilder**: Dieser Band enthält den Prosatext »Die Nordsee 1826 (Dritte Abteilung)«, womit sich Heine auf der Insel eher weniger Freunde gemacht hat.

Heinrich Heine, **Die Nordsee (1825–1826)**: Mit diesen beiden Zyklen erweist sich Heine als der erste deutsche Dichter von Rang, der das Thema des Meeres in seiner Lyrik aufgegriffen hat, womit er auf der Insel dann doch wieder einige Verehrer gefunden hat.

Sylvia Lott, **Der Dünensommer**: Dieser Sommerroman der großen Gefühle vermittelt das Bild des Inselgeschehens um 1959 und heute aus der Perspektive betuchter Hamburger Kurgäste. Wer sich nicht auch noch im Urlaub unmäßig gruseln möchte, liest hier richtig.

Sandra Lüpkes, **Der Brombeerpirat**: Wencke Tydmers, die frisch gekürte Kriminalkommissarin in Aurich, mischt sich aus privaten Gründen in den Fall ihres Kollegen ein. Welche Rolle spielt ihr Bruder und was wissen die abhängenden Jugendlichen, die wenig entspannt der Hochsaison auf Norderney und sich selbst im Wege zu stehen scheinen? Und was halten Kenner des Eilands von einem Satz wie: »Hinter der Lippestraße begann die Insel«?

Manfred Reuter, **Norderney-Bunker**: Manfred Reuters Krimis gehören nicht der hartgesottenen Sorte an. Das wäre vermutlich für Norderney auch nicht angebracht. Man liest sie dennoch gern, denn seine Ortskenntnis, seine Personenbeobachtungen und seine flüssige Schreibe erweitern das Inselerlebnis, auch dann, wenn man vorwiegend im Strandkorb sitzt.

Manfred Reuter, **Norderney-Rache**: Wer bereits ziemlich erholt ist und keine allzu komplex verschachtelte Handlung erwartet, wird sich gut unterhalten fühlen, wenn er den hoch aufgeschossenen Gent Visser und sein Team dabei begleitet, einen mysteriösen Fall um eine geliebte Großmutter, die plötzlich verschwunden ist, zu lösen.

Friedrich Spielhagen, **Stumme des Himmels**: Der 1895 erstmals erschienene vierteilige Roman um die Zuneigung eines »glücklich« verheirateten Mannes zu einer jüngeren, reflektierten und auf eigenen Beinen stehenden Frau spielt etwa um das Jahr 1868 herum. Sein ganzer erster Teil lässt die beiden Personen sich und Norderney während einer Kur erleben. Am Ende dieses

In den Strandkörben am Oststrand lässt es sich gemütlich schmökern

Teils kommt es zu einer Szene, die an die Schlusssequenz von »Casablanca« erinnert. In der Folge thematisiert der Roman, wie die beteiligten Charaktere im familiären Alltag mit der Problematik umgehen, um welche Lösungsmöglichkeiten sie ringen und welche sie schließlich in einer moralisch weitaus rigideren Zeit als der unseren für sich ergreifen. Ein Roman wie dieser sorgt dafür, dass es noch immer eine Schar von Verehrern gibt, die von den Qualitäten des mittlerweile weitgehend in Vergessenheit geratenen Bestsellerautors überzeugt sind.

Meike Werkmeister, **Über dem Meer tanzt das Licht**: Der hautnah an den handelnden Personen erzählende Familienroman schlägt seine Funken aus einem detailliert beschriebenen, wagemutigen insularen Alltag, den subtilen Verunsicherungen der verstrickten Akteure und einer umfassenden Liebeserklärung an Norderney. Wer nah am Wasser gebaut hat, sollte gegen Ende ein Taschentuch dabei haben.

Sophie Wörishöffer, **Onnen Visser, der Schmugglersohn von Norderney**: Ein selbst schon historischer (Jugend-)Roman über die noch weiter zurückliegende Franzosenzeit auf Norderney in der Form einer Abenteuergeschichte, wie man sie im 19. Jahrhundert mochte und, angesichts der Neuauflagen, offensichtlich immer noch mag.

Von A bis Z

Infos von A–Z

Allgemeines

Die Postleitzahl für Norderney ist 26548
Die Telefon-Vorwahl ist 04932
www.norderney.de
Facebook: Norderney – meine Insel
Instagram: @inselblogger.norderney

Auskunft vor Ort

Die zentrale Anlaufstelle für alle Gäste, die Informationen zu Unterkünften, Veranstaltungen etc. suchen, befindet sich im **Conversationshaus**: Staatsbad Norderney GmbH, Tourist-Information, Am Kurplatz 1, 26548 Norderney, Tel.: 04932-891-900, www.norderney.de, E-Mail: info@norderney.de, Öffnungszeiten: Mo–Fr 10–13 und 15–17, Sa u. So 10–13 Uhr

Anreise (siehe auch Fähren)

Bis auf wenige Ausnahmen führen alle Wege nach Norderney über **Norddeich**, den größten Fährhafen Ostfrieslands. Wer aus der Luft auf die Insel gelangen will, begibt sich zum Flughafen **Norden-Norddeich** und lässt sich per Lufttaxi einfliegen.

... mit dem Auto (oder dem Motorrad)

Norderney ist nicht prinzipiell für den Autoverkehr gesperrt, aber wer keinen guten Grund hat, sein Gefährt mit auf die Insel zu nehmen, sollte den Wagen auf den großen bewachten Parkplätzen in Norddeich oder Norden zurücklassen und den Zubringerdienst zum dortigen Hafen in Anspruch nehmen. Warum? Im Kernbereich der Stadt (in den Zonen 1 und 2) gilt in der Saison zwischen den Oster- und den Herbstferien und zu den Weihnachtsferien ein Fahrverbot.

Um vor Ort mobil zu sein, sind die für den Verkehr freigegebenen südlichen, mittleren und östlichen Regionen der Insel über ein System von fünf **Buslinien** (1, 2, 3, 5 und 6) des Norderneyer Nahverkehrs (NNV) und drei weiteren des Omnibusverkehrs Fischer (4, 7 und 8) mit dem Hafen und dem Stadtkern verbunden (siehe **Busse**). Außerdem spart man den Fährpreis für das Auto bzw. kann ihn je nach Dauer des Aufenthalts ins Verhältnis setzen zu den anfallenden Parkgebühren, die man auf dem Festland (und in der Regel auf der Insel zusätzlich zum Fährpreis) entrichten muss.

Wer das **Auto** mitnimmt, findet im Stadtkern keinen Parkplatz, es sei denn, die gewählte Unterkunft stellt einen bereit. In der Regel muss man sein Fahrzeug auf einem der drei großen, kostenpflichtigen und gut erkennbar ausgeschilderten Parkplätze (A, B und C) zwischen dem Hafen und dem Stadtkern abstellen. Alternativ gibt es noch die kleineren, etwas abseits gelegenen und ebenfalls kostenpflichtigen Plätze im östlichen Randbereich des Kerns. Man erhält bei der Anfahrt an der Autofähre eine Ausnahmegenehmigung von jeweils einer Stunde Zeit für das Abladen an (bzw. am Abreisetag für das Abtransportieren des Gepäcks von) der Unterkunft im Zentrum. Es gilt im Zentrum ein generelles Halteverbot für Privatfahrzeuge (außer kurzzeitig vor der Unterkunft mit einer Parkscheibe und ausgewiesen durch die Ausnahmegenehmigung) und eine Geschwindigkeitsbegrenzung auf 30 km/h.

Die Konditionen über die bewachten Parkplätze P1, P2 und P3 in Norddeich auf dem Festland und über den Zubringerdienst zur Fähre erfährt man unter www.reederei-frisia.de.

Hinweis für **Motorradfahrer**: Die angegebenen Regelungen für den Verkehr auf Norderney gelten auch für Motorräder. Hinzu kommt jedoch für Motorräder, Motorroller, Mopeds und Mofas ein zusätzliches Nachtfahrverbot in den östlichen und südlichen Stadtbezirken der Zone 3 zwischen 20 und 6 Uhr und an manchen Straßen ein ausgeschildertes Durchfahrverbot zwischen 20 und 8 Uhr.

... mit dem Zug

Für die Anreise mit dem Zug lautet der Zielbahnhof **Norddeich-Mole**, der beispielsweise von Köln und anderen Städten direkt angesteuert wird. Bis zur Fähre sind es von dort noch knapp 200 m zu Fuß. Falls man die Schiffspassage nicht schon zusammen mit dem Bahnticket als Kombi-Ticket gekauft hat, kann man das am Fährterminal Norddeich-Mole nachholen. Auf der Fähre selbst werden keine Fahrkarten verkauft. Unter www.bahn.de kann man den »Sparpreisfinder« aufrufen, um den jeweils

Norderneys »Skyline« bei der Anreise mit der Fähre

günstigsten Tarif herauszusuchen. Für sein Gepäck kann man den Haus-zu-Haus-Service der Bahn in Anspruch nehmen. Er ist nur in Verbindung mit einem Zugticket vorgesehen und kostet pro Gepäckstück und einfache Strecke je nach Beschaffenheit etwa 18 (Koffer) bis 50 Euro (Fahrrad). Siehe auch **Gepäckdienst**!

... mit dem Fernbus

Busse der Bundesbahn fahren innerhalb mehrerer regionaler Verbundsysteme aus Norddeutschland nach **Norddeich-Mole** (www.vos.info, www.vbn.de und andere). Der Fernbusmarkt ist noch immer schnellen Veränderungen unterworfen.

Flixbus und andere Unternehmen fahren, falls sie nicht doch bis Norddeich-Mole fahren, immerhin nach Leer, Emden, Wilhelmshaven oder auch nach Norden (www.flixbus.de). Man kann auch versuchen, eine Mitfahrmöglichkeit bei »blablacar« oder anderen vergleichbaren Agenturen zu bekommen (www.blablacar.de).

... mit dem Flugzeug

Wer mit dem Lufttaxi von Norden-Norddeich nach Norderney fliegen möchte, findet alle Informationen zu den Tarifen unter www.inselflieger.de. Die zur Reederei Frisia gehörende regionale Fluglinie verfügt über 15 Flugzeuge.

Norderney wird nach Bedarf angeflogen, d.h. ohne fixe Flugzeiten. Man sollte mindestens 15 Minuten vor der verabredeten Abflugzeit vor Ort sein. Der Flug selbst dauert in der Regel keine zehn Minuten. Das Freigepäck pro Person beträgt zehn Kilo.

Am Flughafen in Norden-Norddeich gibt es ausreichend Parkmöglichkeiten für den eigenen PKW. Auf Norderney kommt man entweder mit dem Taxi oder dem Bus der Linie 4 ins Stadtzentrum. Letzterer verkehrt im Sommer bis 18 Uhr neunmal am Tag (siehe auch **Busse**).

Akustiker

Hörgeräte Isermann, Lippestr. 9-11, Tel.: 04932-9916022, www.hoergeraete-isermann.de. Die Filiale befindet sich in der Klinik.

Ärzte (Auswahl)

Allgemeinmedizin:

Badeärzte Dr. Klaus de Boer und Wolfgang Götze, Moltkestr. 8, Tel.: 2388

Dr. Frank Huwe, Winterstr. 5, Tel.: 927083, auch Chirotherapie

Badearzt Dr. Peter Oswald, Wilhelmstr. 5, Tel.: 3000

Frauenheilkunde und Geburtshilfe:

Badearzt Thorsten Bomhard, Mühlenstr. 1, Tel.: 84266

Dr. Jürgen Venhoff, Lippestraße 9–11, Tel.: 805757

Hautkrankheiten:

Badeärztin Barbara Junkmann-Brüggemann, Adolfsreihe 2, Tel.: 991300

Innere Medizin:

Facharzt Dr. Lahme, Adolfsreihe 2, Tel.: 92400

Kinderheilkunde:

Badearzt Dr. Jörg Wehner, Mühlenstr. 1, Tel.: 1013

Psychotherapie:

Dr. Ulrike Schetelig und Dr. Horst Schetelig, psychologische Psychotherapie und Kinder- und Jugendlichenpsychotherapie, Emsstr. 25, Tel.: 2922

Zahnmedizin:

Gemeinschaftspraxis Dr. Lale Cakir und Dr. Hans-Günther Willms, Jann-Berghaus-Str. 26, Tel.: 1313

Zahnarzt Björn Carstens, Janusstr. 2, Tel.: 991077

Zahnärztin Beate Luis, Poststr. 1, Tel.: 991201

Dr. Van Zovko, Ellernstr. 8b, Tel.: 3999

Angeln

Auf Norderney ist das sogenannte Brandungsangeln angesagt. Man darf weder in den Badebereichen und im Hafen noch zur Brutzeit der Vögel an den Salzwiesen angeln. Ansonsten kann mit einem gültigen, mitgeführten Personalausweis an allen anderen Orten die Angelrute ausgeworfen werden. Als besonders geeignet wird der Strandabschnitt zwischen dem Weststrand und dem Nordstrand unterhalb der Milchbar empfohlen. Wer es von einer Buhne aus mit Petri Heil versucht, sollte sich vorsehen, denn der Boden ist uneben und vor allem glitschig. Gefangen werden vorwiegend Butt, Dorsch und Wolfsbarsch.

Apotheken

Kur-Apotheke, Kirchstr. 12, Tel.: 927000

Park-Apotheke, Adolfsreihe 2, Tel.: 92870

Rathaus-Apotheke, Friedrichstr. 12, Tel.: 588

Augenoptiker

Thomas Waldhelm Augenoptik, Damenpfad 7, Tel.: 935720

Augenoptik Claussen, Jann-Berghaus-Str.12, Tel.: 714

Badehaus mit Wellenbad und Wellnessbereich

Das Badehaus vereint in sich eine Vielzahl von Bereichen und Funktionen. Es ist Familien- und Spaßbad mit Wellenmaschine, aber auch Wohlfühloase und therapeutisches Zentrum. Meerwasserbäder gehören genauso dazu wie eine 60 m lange Rutsche, verschiedene Saunen, Massageduschen, Schlickkuren, Ruheräume, Kosmetikprogramme, Meersalzpeeling, weitere Anwendungen der Thalassotherapie und diverse Wellnessbereiche. Nicht von ungefähr wurde es 2015 mit dem Prädikat »Best Public Bath« ausgezeichnet. Ähnlich und mehrfach wurde seine kreative Thalassotherapie prämiert. Manchem ist die Nordsee auch mal zu kalt, spätestens dann bietet sich ein Besuch im auch baulich ansprechenden bade:haus an. **bade:haus,** Am Kurplatz 2, Tel.: 891400, www.norderney.de/badehaus-norderney, Öffnungszeiten: je nach Bereich tägl. von 9.30–18 bzw. 20 oder 21.30 Uhr

Apotheke in der Stadt

Banken

Auf Norderney haben drei regionale Banken oder Sparkassen ihre Filialen und Geldautomaten:
Sparkasse Aurich-Norden, Jann-Berghaus-Str. 7, Tel.: 0800-28-35-00-00, www.sparkasse-aurich-norden.de
Oldenburgische Landesbank, Strandstr. 3, Tel.: 9183-0, www.olb.de/olb-norderney
Raiffeisen-Volksbank Fresena, Jann-Berghaus-Str. 69, Tel.: 92310, www.rvb-fresena.de

Beachvolleyball

Beachvolleyball ist während der Saison an allen Stränden möglich. Wer seinen Ball vergessen hat, kann bei den Strandkapitänen nachfragen. An Pfingsten (siehe unter Feste & Veranstaltungen) findet ein großes Turnier mit Spitzensportlern statt.

Barrierefreiheit

Auf ihren Homepages (www.stadt-norderney.de und www.norderney.de) und in einem bei der Touristeninformation erhältlichen Flyer bzw. einer Broschüre der Bürgerstiftung Norderney führen die Stadt- und die Kurverwaltung unter dem Stichwort **»Norderney barrierefrei«** auf, was sie von ihrer Seite aus für Menschen mit Behinderung ermöglicht haben. Dazu gehören sechs Parkplätze, auf denen markierte Abstellmöglichkeiten für Fahrzeuge von Personen mit eingeschränkter Mobilität reserviert sind. Außerdem gibt es **behindertengerechte Toiletten** an einem guten Dutzend öffentlicher Orte (z.B. Hafenterminal, Conversationshaus, Rathaus, Badehalle am Westbad, Strandrestaurant Cornelius), die alle auf der Homepage aufgeführt sind. Die in Klammern erwähnten Toiletten lassen sich mit dem Euro-Schlüssel öffnen. Diesen bekommt man bei CBF Darmstadt, Pallaswiesenstr. 123a, 64293 Darmstadt, Tel.: 06151-812210, www.cbf-da.de. Man sollte ihn rechtzeitig vor der Anreise bestellen.

Für Personen mit einer außergewöhnlichen Gehbehinderung, die in ihrem Schwerbehindertenausweis mit »aG« gekennzeichnet ist, kann eine Sondergenehmigung erteilt werden, mit der es erlaubt ist, im für den Verkehr gesperrten Bereich der Kernstadt den eigenen Wagen zu benutzen und vor der Unterkunft zu parken. Nähere Auskunft geben die Herren Bohlen und Bargstaedt (Tel.: 920213 oder 920214, E-Mail: uwe.bohlen@norderney.de oder marco.bargstaedt@norderney.de).

Um den **Badespaß** und die Beweglichkeit von Personen mit Behinderung zu befördern, kann ein Ballonrollstuhl gemietet werden, mit dem man bis ins Wasser fahren kann. Außerdem stehen für den Strand und etwas unwegsameres Gelände solar- bzw. elektrisch betriebene Rollstühle (cad weazle) und generell eine begrenzte Anzahl mechanischer Rollstühle und Elektro-Mobile zur Verfügung. Die Ansprechpartner bezüglich der Vermietung und der Mietgebühren für die verschiedenen Rollstuhlangebote sind die Herren Barthy und Dörner (891126 oder 891124, E-Mail: barthy@stadt-norderney.de oder doerner@stadt-norderney.de). Zudem kann am Nordbad 1 ein barrierefreier **Strandkorb** gemietet werden.

Was die **Anreise** betrifft, sind sowohl der Bahnterminal Norddeich-Mole als auch die beiden Fährterminals in Norddeich und auf Norderney barrierefrei. Wer mit dem Wagen auf die Fähre fährt, sollte sich dort auf einen behindertengerechten Parkplatz leiten lassen, an dem die Türen ganz geöffnet werden können. Weitere Auskünfte diesbezüglich unter www.reederei-frisia.de.

Latte Macchiato und Käsekuchen im Café BitterSüss

Bibliothek

Schon bevor man nach Norderney kommt, kann man sich vergewissern, ob das Buch, das man immer schon einmal lesen wollte, in der Bibliothek des Conversationshauses vorhanden ist, denn der Katalog ist online abrufbar. Das Besondere an der Bibliothek ist, dass sich diese mittlerweile selbstverständliche Modernität paart mit einem schon fast nostalgisch zu nennenden Leseambiente. Hinzu kommt ein Lesesaal für die Tagespresse. Außerdem hält man Schritt mit den neuesten Veröffentlichungen. So sind gerade erst erschienene Krimis, die auf der Insel spielen, meist schon präsent.

Bibliothek im Conversationshaus, Am Kurplatz 1, Tel.: 891296, Öffnungszeiten: Mo–Sa 10–13, zusätzlich Mo u. Di und Fr u. Sa 14–17 Uhr, www.bibliothek.norderney.de

Boule

Hinter dem Conversationshaus im Kurgarten sind mehrere Boulebahnen für eine ruhige, aber konzentrierte Kugel zur Annäherung ans Schweinchen angelegt. Wer keine eigenen Kugeln dabei hat, kann sich welche im Restaurant des Conversationshauses ausleihen. Wer nur zugucken will, hat am Sonntagvormittag die größte Chance, Boulewettbewerbe zu erleben.

Boßeln

Zu ihrem Sport treffen sich die Boßler gerne auf der Straße zwischen dem Kiefernwäldchen und der Weißen Düne.

Buchhandlung

Die zentrale Buchhandlung auf Norderney ist **Bücher Lübben**, Strandstr. 5, Tel.: 927377, www.buecherluebben.de

Busse

Die Insel verfügt über ein dichtes Netz von Buslinien. Die Linien 1 und 2 verbinden den Hafen mit dem westlichen und östlichen Stadtkern, die Linie 3 den Hafen mit der Nordhelm-Siedlung, die Linie 5 den Busbahnhof in der Jann-Berghaus-Straße mit der Weißen Düne und die Linie 6 den Rosengarten beim Kurplatz mit dem Hafen und der Weißen Düne. Außerdem verbindet die Linie 4 des Omnibusverkehrs Fischer den Busbahnhof mit dem Golfplatz, dem Flugplatz, dem Leuchtturm und der Oase hinter dem FKK-Strand. Eine Linie 8 desselben Unternehmens erweitert den Bereich der Linie 4 zu einer Rundfahrt bis zu den angegebenen Punkten und wieder zurück zum Ausgangspunkt.

Inselbus NNV Peter Tjaden, Am Hafen 1, 26548 Norderney, Tel.: 1312, www.inselbus-norderney.de

Omnibusverkehr Fischer, Jann-Berghaus-Str. 38, 26548 Norderney, Tel.: 2119, www.bus-fischer.de

Cafés (Auswahl)

Der gute Ruf eines Kurbads hängt auch vom kulinarischen Angebot ab. Für den Nostalgiker gehört dazu eine ausgeprägte Kaffee(haus)kultur. Vermutlich passt in diese Kategorie am besten das exponiert gelegene **Café Marienhöhe** (Damenpfad 42, Tel.: 686, Frühstück 10–12, Warme Küche 21–21, Kaffeezeit 13–17 Uhr). Das oktagonale Gebäude mit einer Tradition, die bis auf Heinrich Heine und die Königin Marie von Hannover zurückreicht, ist von einer Terrasse mit Sonnenschirmen umgeben. Das Innere ist intim, erlaubt aber jederzeit einen Blick in die Ferne, auf Meer, Strand und Promenade. Es gibt zum Kaffee eine Auswahl an ausgezeichneten Kuchen. Im Kontrast dazu ist das **Café Mumpitz** (Jann-Berghaus-Str. 20, Tel.: 9916650) eher schlicht, zeichnet sich aber durch seinen guten Kaffee aus. Das kleine **Café Bitter-Süss** (Strandstr. 7, Tel.: 4980426) röstet seinen Kaffee selbst und hat eine entsprechend gute Auswahl. Das Magazin »Feinschmecker« zählt es zu den besten Röstereien in Deutschland. Hier kann man sich auch mit verschiedenen Sorten frisch gemahlenen Kaffees für seine Unterkunft eindecken. Außerdem stellt das Café feine Pralinen- und Trüffelspezialitäten her und hat besondere Schokoladen im Angebot. Ein weiteres nettes Café ist die **Kaffeegeniesserei** (Bismarckstr. 5, Tel.: 936633) mit sehr gutem Kaffee und ausgezeichnetem (Mandel-)Kuchen. Weitere Cafés, deren Besuch lohnt, sind das **Surfcafé** und das **Café Cornelius** am Nordbadestrand, das neue **Café Hygge** im Rondell des Fähranlegers am Hafen, das **Stadtcafé** in der Wilhelmstraße, das **Café Friedrich** in der gleichnamigen Straße und das **KurPalais** im Conversationshaus.

Camping

Die Campingplätze auf Norderney befinden sich alle jenseits der alten Meierei in der Nähe des Leuchtturms. Außerhalb dieser offiziellen Zelt- und Stellplätze, z.B. am Strand oder in den Dünen, ist sogenanntes wildes Kampieren nicht erlaubt, auch nicht mit dem Wohnmobil.

Der kinderfreundliche **Campingplatz Eiland Norderney** (Am Leuchtturm 10, Tel.: 2184, www.camping-eiland.de, Öffnungszeiten: Anfang April–Ende Oktober) liegt östlich des Leuchtturms. Man kann dort zelten, es gibt aber auch zehn Touristik- und 100 Dauerstandplätze für Wohnmobile. Zudem gibt es zwei Mietwohnwagen. Alle Plätze sind mit Wasser- und Stromanschluss ausgestattet. Es gibt einen WC-Bereich, Kalt- und Warmwasserduschen, einen Abwaschraum und eine Waschmaschine. PKWs können gratis geparkt werden. Hunde sind, außer in den Mietwohnwagen, willkommen. In der Nähe befindet sich eine Bushaltestelle.

Der Campingplatz **Spilak** (Am Leuchtturm 9, Tel.: 2174, www.neycamping.de, Öffnungszeiten: März–Oktober) liegt kurz hinter dem Leuchtturm. Er verfügt über 40 Dauerstellplätze mit Wasser- und Kanalanschluss. Zudem gibt es sieben Stellplätze für Wohnmobile und Möglichkeiten zum Zelten. An sanitären Anlagen sind Duschen, Toiletten, Waschmaschine, Trockner und Spüle vorhanden. Wer einen Stromanschluss braucht, muss sich frühzeitig anmelden, da nicht alle Plätze einen haben. Hunde und Pferde sind erlaubt. In der Nähe ist eine Bushaltestelle erreichbar.

Der Campingplatz **Um Ost** (Am Golfplatz 3, Tel.: 616, www.campingplatz-umost.de, Mitte April–Mitte Oktober) liegt westlich von Leuchtturm und Golfplatz am Wattenmeer. Er verfügt über 20 Wohnmobilstellplätze, 85 Touristik- und 110 Dauerstandplätze. Neben Sanitäranlagen, die auch über eine Behindertentoilette verfügen, gibt es eine Spülküche, Waschmaschinen, Trockner und Trockenplätze. Das tägliche Kochen kann auch mal ausfallen, weil es vor Ort mit dem »Reethuus« ein Restaurant mit Terrasse gibt. Hunde und andere Tiere können nicht mitgebracht werden. Gruppen sind nur nach Absprache zugelassen. Ruhe und Erholung für Familien sollen gewährleistet werden. Auch hier befindet sich in der Nähe eine Bushaltestelle.

Am weitesten im Osten liegt der Campingplatz **Tünnbak und Reiterhof Harms** (Am Leuchtturm 11, Tel.: 2108, www.reiterhof-harms.de, Öffnungszeiten: Mitte März–Ende Oktober). Er verfügt über zehn Wohnmobilstellplätze, 15 Touristik- und 40 Dauerstandplätze. Alle Stellplätze sind mit einem Stromanschluss versehen. Zudem ist die Möglichkeit zum Zelten gegeben. Neben den modernen Sanitäranlagen stehen den Gästen Waschmaschine und Trockner zur Verfügung. Im Biergarten kann man frühstücken oder während des Tages eine kleine Mahlzeit zwischendurch einnehmen. Hunde sind ebenso willkommen wie Pferde. Letzteren steht ein Platz im Stall des Reiterhofs zur

Verfügung. In Reichweite gibt es eine Bushaltestelle.
Der zur Jugendherberge gehörige **Zeltplatz Dünensender** (Am Dünensender 3, Tel.: 2574, www.jugendherberge.de) bietet bis zu 400 Personen die Möglichkeit, im Bereich der Jugendherberge zu zelten und in den Genuss der Vollpension der Herbergsküche zu kommen. Für die Nutzer des Zeltplatzes gibt es ein eigenes Sanitärgebäude. Eine Bushaltestelle ist ebenfalls in der Nähe.

Defibrillatoren-Standorte

Norderney hat ein dichtes Netz an Defibrillatoren-Standorten im gesamten Westbereich zwischen dem Westbadestrand und dem Campingplatz Eiland in der Inselmitte.

Drachensteigen

Sofern man Vorsorge trägt, dass man mit seinem Drachen niemanden belästigt oder gar gefährdet, ist das Steigenlassen von einfachen Drachen auf Norderney erlaubt. Lenkdrachen hingegen sind auf Promenaden, an Badestränden, auf Liegewiesen und in Bereichen, in denen Strandkörbe aufgestellt sind, nicht zugelassen. Während des Festes »Summertime @ Norderney« findet u.a. eine Drachenshow statt. Wer selbst keinen Drachen mitgebracht hat, wird vielleicht fündig im **Drachenladen »Windgeflüster«,** Kirchstr. 15, Tel.: 935338, www.drachenladen-windgefluester.de oder im **Drachenladen »Sehstücke«**, Friedrichstr. 29, Tel.: 991414, www.sehstuecke.de. Neben der Auswahl an Drachen sind funktionelle Anziehsachen für sportliche Frauen, Männer und Kinder im Angebot.

Einkaufen (Auswahl)

Norderney bietet vom kleinen Einzelhändler bis zum großen Supermarkt, von der handwerklich betriebenen Bäckerei bis zur traditionellen Metzgerei alle Einkaufsmöglichkeiten, die für den täglichen Bedarf gut genügen können. Da es der Urlauber beim Einkauf in den Ferien gern etwas exquisiter mag, haben sich die Gemeinde und die Geschäftswelt darauf eingestellt. Eine Fußgängerzone, die in Ostwest-Richtung vom Kurtheater über die Strandstraße bis zur Strandpromenade am Weststrand und in Nordsüd-Richtung vom Kaiser-Wilhelm-Denkmal über die Friedrich- und Poststraße bis zum Kurplatz reicht, eignet sich am Abend für einen entspannten, anregenden und vorsortierenden Schaufensterbummel und bei Tag zur eigentlichen Shoppingsause. Manches besondere Stück findet man aber auch in Läden abseits der Fußgängerzone oder in einer der Boutiquen in Strandnähe. Die normalen Ladenöffnungszeiten sind werktags von 10–18 Uhr. Zu besonderen Gelegenheiten gibt es auch ab und an Einkaufsabende bei Kerzenlicht.
Einen ersten Eindruck bekommt man im Conversationshaus, wo man gleich am

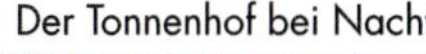
Der Tonnenhof bei Nacht

Hier gibt es Norderneyer Schinken!

Eingang rechts in **Meine Insel – Der Laden** (Am Kurplatz 1, Tel.: 891169, www.shop.norderney.de, Öffnungszeiten Mo–Sa 10–13 Uhr) vom Badetuch über die Flagge für die Strandburg bis zum Norderney-Pullover die ersten Accessoires für den Urlaub besorgen kann. Wer das Unikat eines Souvenirs aus Treibholz oder anderen Naturmaterialien sucht und zu Hause nicht missen möchte, ist bei **Moi Reev** (Benekestr. 50, Tel.: 2101, www.moi-reev.de) richtig. Fair gehandelte Schokolade und ebensolchen Kaffee, Kakao oder Tee findet man im **Weltladen Regenbogen** im Martin-Luther-Haus der evangelischen Kirchengemeinde (Kirchstr. 11, Tel.: 792, www.norderney-kirchengemeinde.de, Öffnungszeiten Di–Fr 10–12.30 und 16–18 Uhr und So direkt nach dem Gottesdienst). Eine Spezialität der Insel ist der Sanddorn. Ihm und den aus ihm gewonnenen vielfältigen Produkten (z.B. Konfitüre, Kosmetikartikel, Sirup, Alkoholisches, Heilendes) ist das **Sanddorn-Stübchen** (Friedrichstr. 28, Tel.: 81188, www.sanddorn-stuebchen.de, Öffnungszeiten: Mo–Sa 10–18 Uhr) gewidmet. Eine weitere Spezialität ist der seeluftgetrocknete Schinken der Insel. Produziert wird dieser mittlerweile preisgekrönte Schweineschinken von der **Norderneyer Schinken GmbH** (Im Gewerbegelände 47, Tel.: 991080, www.shop.dernorderneyer.de), mit der man auch eine Verkostung via Internet vereinbaren kann. Weinfreunde werden sicher fündig in der **Vinothek Dettweiler** (Jann-Berghaus-Str. 76, Tel.: 9359914, www.weingut-dettweiler.de). Man hat sogar einen Roten mit der Bezeichnung »Cuvée Norderney« im Sortiment. Er kommt vom Rheingau und wird exklusiv auf Norderney verkauft.

Eisdielen

Im Stadtbereich gibt es mehrere, auch italienische Eisdielen, wie die Eiscafés **Venezia** (Poststr. 9), **San Marco** (Jann-Berghaus-Str. 23) oder **Norderney** (Adolfsreihe. 1). Angeblich hat **Frieseneis** (Bülowallee 7) das beste Eis. Oder man probiert es einmal mit Frozen Yogurt im **Frøsinn** (Jann-Berghaus-Str. 15).

Fähren (siehe auch Anreise)

Der Fährverkehr zwischen Norddeich und Norderney wird von der äußerst rührigen Reederei Frisia organisiert. Wer ohne Fahrzeug ankommt, löst ein Ticket im Hafengebäude der Reederei und geht an Bord der Fähre. Bei dem Ticket handelt es sich um eine **NorderneyCard**, mit der man am Ende des Aufenthalts an einem entsprechenden Automaten (zum Beispiel am Hafen) noch einen Kurbeitrag zu entrichten hat. Auf der Fähre wird bei der Abreise überprüft, ob der Beitrag geleistet wurde, und die Karte wird wieder eingezogen.

Wer mit seinem eigenen Wagen übersetzen will, reiht sich ein in die Schlange wartender Fahrzeuge, denn man kann keinen bestimmten Termin reservieren. Man entrichtet wie bei einer Autobahnmautstelle den geforderten Betrag und bekommt ein Ticket. In der Hochsaison fahren die Fähren täglich so lange, bis das letzte Auto auf die Insel befördert worden ist. Für den Abreisetag empfiehlt es sich allerdings, so bald wie möglich einen Termin zu reservieren. Wer den Abreisetag bereits kennt, sollte gleich am Anfang des Aufenthalts die Reservierung vornehmen.

Fahrradverleih (Auswahl)

Fahrradfahren auf Norderney ist – vor allem außerhalb des Stadtkerns und abseits der Strandpromenaden – eine der schönsten Fortbewegungsarten. Die Wege bis zum Ostheller haben in der Regel einen guten Belag und die jeweilige Streckenführung ist meist abwechslungsreich. Wer ohne Fahrrad anreist, hat eine große Auswahl an Verleihfirmen. Häufig kann man direkt übers Internet buchen. Hier eine kleine Übersicht: **E-Bike Verleih Norderney**, Langestr. 25, Tel.: 8689969, www.ebike-verleih-noderney.de; **Rad Toni**, Jann-Berghaus-Str. 62, Tel.: 3378, www.radtoni.de; **Nordsee-bike Norderney**, Langestr. 15, Tel.: 9913980, www.nordsee-bike.de/norderney, **Kurt's Fahrradshop**, Nordhelmstr. 73, Tel.: 935530, www.kfs-norderney.jimdo.com, **Friesenrad**, Bismarckstr. 14, Mobil: 0176-84270538

Feste & Veranstaltungen

Norderney hat einen in Qualität und Quantität überbordenden Fest- und Veranstaltungskalender: Rund 2.000 Veranstaltungen gehen jedes Jahr über die Bühne, den Strand oder den Kurrasen. Jeden Tag muss (und darf) sich der Besucher aufs Neue entscheiden, ob er ins Konzert, ins Kino, zum Sportevent, in eine Ausstellung oder zu einer Theatervorstellung gehen möchte. Manches

Abendstimmung am südlichen Deich

ist kostenlos, wie die äußerst beliebten klassischen Konzerte an der Konzertmuschel auf dem Kurplatz (in der Hauptsaison Di–So). Diese Kurkonzerte sind ein Relikt der königlich hannoverschen Musikbegeisterung. Sie ermöglichen heutigen Generationen dem Flair vergangenen Kurlebens nachzuspüren. Bei manchen Veranstaltungen lohnt schon allein die gastgebende Örtlichkeit den Besuch. Hierbei stehen das **Kurtheater** und der große Saal des **Conversationshauses** im Vordergrund. Aktuelle Informationen unter www.noderney.de.

Januar

Die jährlich stattfindenden Veranstaltungen werden am **Neujahrstag** eingeleitet mit dem Anbaden in der eiskalten Nordsee. Mehrere Dutzend Unentwegter stürzen sich unter dem Beifall und Zuspruch dick eingemummelter Zuschauer in die Fluten, um mit schlotternden Gliedmaßen frohgemut die Badesaison einzuläuten.

Mai/Juni

An **Pfingsten** steigt mit dem White Sands Festival ein erster absoluter Höhepunkt der noch jungen Saison. Norderney feiert ein auf die Insel maßgeschneidertes Sportereignis, in dessen Mittelpunkt hochkarätig besetzte Surfwettbewerbe aller Art und ein Beachvolleyball-Tournier der Spitzenklasse stehen.

Anfang Juni teilt sich Norderney mit der Stadt Emden das seit rund 30 Jahren stattfindende internationale Filmfest Emden-Norderney, das mit brandneuen Streifen aus der Produktion vorwiegend nordwesteuropäischer Filmemacher brilliert. Im Kurtheater, dem Veranstaltungsort des Spielfilmfestivals, trifft sich quasi baulicher Spätklassizismus mit virtueller medialer Moderne.

Die Konzertmuschel auf dem Kurplatz

Juli/August

Am dritten Sonnabend im Juli wird der Meine-Insel-Lauf im Bereich der Kernstadt durchgeführt. Für Erwachsene sind zwei Distanzen ausgeschrieben, über 5 und über 10 km, wobei es über 5 km einen Volkslauf und einen Mannschaftslauf mit Dreier-Teams gibt; für Schüler ist ein Laufüber 1,5 km und für die Kleinen ein Bambinilauf über 500 m vorgesehen. Anmeldungen unter www.norderney-lauf.de.

Ende Juli/Anfang August ist mit Summertime @ Norderney große Party mit Bands, diversen Sängern, Drachenshow und mehr am Nordbadestrand angesagt.

Im **August** findet häufig ein Inselspringen statt, das nicht mit einem »island hopping« von Insel zu Insel zu verwechseln ist. Leichtathleten der nationalen und internationalen Elite treffen sich zu einem Stabhochsprung-Wettbewerb auf dem Kurplatz und zeigen, wie hoch man sich mit einem elastischen Stab über eine Latte katapultieren kann.

September

Anfang September gehen die Ausdauer- und Vielseitigkeitssportler des Wind Islandman Triathlon an den Start. Auch diese Veranstaltung hat schon rund ein Dutzend Mal auf der Insel stattgefunden und begeistert. Die Distanzen sind allerdings erheblich kürzer als beim klassischen Ironman, weshalb man hier von einem Sprint-Triathlon spricht.

Mitte September findet eine Plattdeutsche Woche statt. Ob im Gottesdienst, in einer Lesung, einem Vortrag, beim Gesang, bei einer Führung oder im Theater, in dieser Woche kann man sich auf Platt einmal richtig schön breit snacken lassen.

Mitte bis Ende September steht bei den Beachside Classics die hohe Reitkunst der Dressur- und Springreiter auf dem Programm. 100 Reiter und Pferde unterziehen sich verschiedenen Schwierigkeitsprüfungen vor großem Publikum. Mehr unter www.norderneyer-beachside-classics.de.

Oktober

Anfang/Mitte Oktober lädt das Watt Welten-Besucherzentrum zusammen mit den Nationalpark-Rangern zu den alljährlichen Zugvogeltagen ein. Es werden u.a. Vogel- und Federbestimmungskurse, Beobachtungstouren mit dem Fahrrad und Vogelkunde-Einführungen angeboten sowie Hinweise zur Kunst des Vogelzählens gegeben. Näheres unter www.zugvogeltage.de.

Mitte Oktober kann man sich beim Internationalen Bluesfestival schon einmal in Stimmung bringen für Herbst und Winter. Zwei, drei Pianisten an einem oder an zwei Flügeln zelebrieren ihre Versionen von Blues, Swing und Boogie Woogie im Conversationshaus, während draußen der Wind pfeift und die Wellen rauschen.

Hinter dem Schild rechts geht es zum FKK-Strand

Fitness

Manche Hotels haben für ihre Gäste auch einen Fitnessbereich, wie das **Thalasso Hotel Nordseehaus** (Bülowallee 6, www.michelshotels.de) und das **Hotel Georgshöhe** (Kaiserstr. 24, Tel.: 8980, www.georgshoehe.de). Ob dieser für die Öffentlichkeit zugänglich ist, hängt vom jeweiligen Hotel ab. Daneben gibt es unabhängige Fitnessstudios wie das **Inselloft Norderney**, Damenpfad 37-40, Tel.: 893800, www.inselloft-norderney.de und das **Fitness-Studio Gum 80**, Viktoriastr. 12, Tel.: 1717, oder Fitnessangebote wie: **Freiraum Sport** bei Nico Leddin, Tel.: 4679414, www.freiraum-sport.de, oder **Gesundheitscoaching** mit Julia Ristow, Bismarckstr. 14, Mobil: 0176-23441433, www.julia-ristow.de

FKK

Auf Norderney gibt es östlich der Weißen Düne einen ausgewiesenen, gemischten FKK-Strand. Er zählt wegen seiner Weitläufigkeit zu den beliebtesten Stränden an der ganzen Nordsee. In der Sommersaison gehört eine **Strand-Sauna** (Oase-Strand, Tel.: 474) zu sei-

Golfplatz auf der Insel

nen Glanzpunkten. Sie ist von April bis Mitte Juni und von Anfang September bis Oktober von 11–16 Uhr, im Hochsommer von 10.30–17 Uhr geöffnet. Im Juli und im August werden zusätzlich Nachtsaunagänge angeboten. Im Oktober spätestens wird sie wieder abgebaut und für die nächste Saison eingelagert.

Fundbüro

Fundsachen können im **Bürgerbüro** im Erdgeschoß Zimmer E02 der Stadtverwaltung (Am Kurplatz 3, Tel. 9200) abgegeben werden. Bei Fundsachen unter einem Wert von 500 Euro stehen dem Finder 5 % des Wertes zu. Die Fundsache wird sechs Monate aufbewahrt und kann danach vom Finder abgeholt werden. Wird sie weder vom Besitzer noch vom Finder reklamiert, kommt sie in eine Versteigerung.

Geocaching

Die moderne Schatzsuche hat auch unter Norderney-Besuchern Anhänger. Es ist jedoch zu berücksichtigen, dass in Naturschutzgebieten, zumal zur Brutzeit vieler Vögel, abseits der zugelassenen Wege weder »Schätze« platziert noch welche gesucht werden dürfen.

Gepäckdienst

Neben dem Gepäckdienst der Bundesbahn (siehe unter **Anreise** mit dem Zug) kann man sein Gepäck auch mit der Post an seinen Urlaubsort verschicken lassen. Näheres unter www.dhl.de.

Golf

Westlich des Leuchtturms und des kleinen Flugplatzes liegt am (Watten-) Meer ein baumloser 9-Loch-Golfplatz, der sich mit seinen Greens sehr schön in die Dünenlandschaft einschmiegt. Er ist Deutschlands einziger Golfplatz

mit klassischem Links-Course nach englisch-schottischem Vorbild und einer der ältesten, 1927 gegründet. Die Längen zwischen Abschlag und Loch variieren bei den Herren zwischen 154 und 530 und bei den Damen zwischen 137 und 465 Metern. Wenn ein Einlochen »unter par« nicht gelingt, weiß man, dass es nur am unberechenbaren Seewind gelegen haben kann. Nicht-Mitglieder sind willkommen, auch für einen Schnupperkurs.
Golfclub Norderney e.V., Am Golfplatz 2, Tel.: 927156, www.gc-norderney.de

Gottesdienste

In der evangelisch-lutherischen **Inselkirche** (Kirchstr. 3) wird regelmäßig der Sonntagsgottesdienst um 10 Uhr gefeiert. Donnerstags findet eine Zehnminutenandacht am selben Ort um 8.15 Uhr statt. Über weitere Aktivitäten, wie die in der sogenannten Waldkirche im Freien an der Napoleonschanze, wird man man unter www.norderney-kirchengemeinde.de informiert.
Die römisch-katholische Gemeinde der Insel verfügt über zwei Gotteshäuser, **St. Ludgerus** und **Stella Maris**. Außerdem besitzt sie zwei Kirchenstrandkörbe auf der Wiese zwischen Marienhöhe und dem Hotel Meeresburg. Dort sind zu bestimmten Zeiten Seelsorger zur Stelle. Das vollständige Programm, einschließlich der Angebote unter freiem Himmel, erfährt man unter www.ludgerus-norderney.de.
Die neuapostolische Kirchengemeinde besitzt ihr Gotteshaus am südlichen Rand des Stadtkerns. Gottesdienste finden in der Regel sonntags um 9.30 und mittwochs um 20 Uhr statt.
Neuapostolische Kirche, Südwesthörn 2, Tel.: 974656, www.norderney.nak-nordost.de

Hebamme

Wer die Hilfe einer Hebamme in Anspruch nehmen muss, wende sich an **Edith Hemmen**, Am Fischerhafen 13, Tel.: 2164

Hotels (Auswahl)

Auf Norderney steht eine große Auswahl an Hotels aller Klassen zur Verfügung. Zu den historisch bedeutsamsten Hotels der Insel gehört neben dem **Thalasso-Hotel Nordseehaus** (siehe unter **Thalasso**) das **Inselhotel König**, das 1868 als »Schuchardts Hotel« im Zentrum gegründet wurde. Während das äußere Erscheinungsbild weiterhin einen nostalgischen Akzent im Stadtbild setzt, trifft man im Inneren auf ein modernes Ambiente der stilvollen Art (Bülowallee 8, Tel.: 8010, www.inselhotel-koenig.de). Neben 48 großzügigen Einzel- und Doppelzimmern gibt es eine Königssuite und eine Turmsuite. Der Saunabereich verfügt über eine finnische Sauna und ein Dampfbad mit den entsprechenden Ruheräumen. Die Gastronomie ist durch das Restaurant Fischerkate und die Bülowbar vertreten. Ebenfalls historisch zu nennen ist ein in exponierter Lage zwischen West- und Nordstrand gelegenes Luxushotel, nur dass der Hintergrund ein ganz anderer ist. Als man noch jährlich zur Saison wie in anderen Seebädern auch einen Seesteg auf- und hinterher wieder abbaute, benutzte man eine Lagerhalle für die Aufbewahrung der Bauteile, der Strandkörbe und dergleichen mehr. Aus diesem langgezogenen Lagerschuppen wurde unter weitgehender Beibehaltung der ursprünglichen Form und der Verwendung wesentlicher Bauteile ein mit 16 Wohneinheiten eher kleines, aber feines, nicht ganz billiges Hotel mit privilegiertem Blick aufs Meer inszeniert. Das seit 2007 in seiner modernen Form existente **Hotel Seesteg** (Damenpfad 36a, Tel.: 893600, www.seesteg-norderney.de) hat bereits zwei Bundespräsidenten als Residenz gedient. Das mit einem Michelin-Stern und 15 Gault-Millau-Punkten ausgezeichnete Restaurant des Hauses gehört zu den besten Norderneys.

Zu den ganz großen Hotels mit Sauna, Swimming Pool (innen und außen), Fitnesscenter, einer Bar und zwei Restaurants gehört das **Strandhotel Georgshöhe** (Kaiserstr. 24, Tel.: 8980, www.georgshoehe.de), das zwischen dem West- und dem Nordstrand liegt. Es verfügt über 39 Einzelzimmer, 68 Doppelzimmer und 25 Suiten, alle edel ausgestattet und die große Mehrzahl mit Blick aufs Meer. Das Hotelrestaurant **N'eys** ist ein vom Gault Millau ausgezeichnetes Gourmet-Restaurant.

Hunde

Hunde dürfen auf der Insel im öffentlichen Bereich vom 1. März bis zum 31. Oktober nur angeleint unterwegs sein. Das gilt fürs ganze Jahr auch an den drei ausgewiesenen Hundestränden (neben dem Ostbad »Weiße Düne«, beim FKK-Strand und auf der Rasenfläche neben der Schutzhalle am Weststrand). An den übrigen Badestränden sind Hunde nicht zugelassen. Ausgenommen von der Leinenpflicht ist das Wiesengelände des Alten Fliegerhorsts am Südwestdeich südöstlich des Westbadestrands. In der Zwischen- und Ruhezone des Nationalparks gilt der Leinenzwang ganzjährig. In der Stadt, an den Promenaden und Spazierwegen sind Kästchen mit Beutelchen, sogenannte »Schietbüdel«, angebracht, damit die Hundehalter die Exkremente ihrer Vierbeiner entsorgen können. Dazu sind sie auch verpflichtet. Vor dem Buchen einer Unterkunft empfiehlt es sich nachzufragen, ob Hunde (und andere Haustiere) zugelassen sind, was in der Mehrzahl der Fälle erlaubt ist. Im Übrigen müssen auch für Hunde bei der Anreise auf der Fähre Tickets gelöst werden.

Inselrundfahrten

Neben den Sonderfahrten der Busunternehmen (siehe Busse) tourt eine Bömmelbahn genannte Bimmelbahn gemütlich über die Insel. Ausgangspunkt ist der Rosengarten neben dem Kurplatz. Kontakt: **Inseltour Bömmelbahn**, Mobil: 0160-96004087, www.boemmelbahn.de, Abfahrtszeiten: März–Oktober zu jeder vollen Stunde ab 11–15 Uhr

Jugendherbergen

Die beiden Jugendherbergen (www.jugendherberge.de) unterscheiden sich in Lage und Umgebung deutlich. Die eine liegt am Rand des engeren Stadtkerns in einem aufgelockerten Siedlungsgebiet. In unmittelbarer Nähe befinden sich der Park an der Franzosenschanze, der Spielpark »Kap Hoorn« mit Innen- und Außenbereich und die einzige Wind-

Inselrundfahrt mit der Bömmelbahn

mühle der ostfriesischen Inseln. Zum Nordbadestrand sind es rund 750 m, zum Westbadestrand auf einer der belebtesten Geschäftsstraßen mitten durch die Stadt knapp abwechslungsreiche 200 m mehr. Die Entfernungen zum Hafen und zur Surfschule am Watt sind auch nicht größer. Alle Zimmer haben Duschen und WC. Die Bandbreite der Schlafräume reicht vom Einzel- bis zum Achtbettzimmer. In der Nähe gibt es einen Fahrradverleih.

Jugendherberge Norderney, Mühlenstr. 1, Tel.: 840900

Die andere Jugendherberge liegt mitten in den Dünen in der Zone II des Naturschutzgebiets. Hier liegt der Schwerpunkt auf dem nachhaltigen Naturerlebnis. Es gibt einen großen Speisesaal, zwei Aufenthaltsräume für größere Gruppen, Zwei- bis Zehnbettzimmer und Gemeinschaftsduschen im Erdgeschoss. Außerdem gehört zur JuHe noch ein Zeltplatz. Vor der Tür ist eine Bushaltestelle und in der Nähe ein Fahrradverleih:

JuHe Norderney Dünensender, Am Dünensender 3, Tel.: 2574

Kino

Das spätklassizistische Kurtheater wird auch als Kino genutzt. Der Ort allein macht das Schauen eines Film zu einem besonderen Erlebnis. Das aktuelle Kinoprogramm wird im Zentrum, z.B. am Kurplatz, auf Plakaten bekannt gemacht. Man findet es auch im Internet unter www.norderney.de bzw. im Conversationshaus (am Schalter oder über Flyer).

Kitesurfen

Im Nationalpark »Niedersächsisches Wattenmeer« ist Kitesurfen bislang verboten. Es gibt allerdings auf der Meerseite im Norden einen Bereich, in dem dieser Sport vom 1. April bis zum 31. Oktober von morgens ab 10 Uhr bis eine Stunde vor Sonnenuntergang ausgeübt werden darf. Dieser Bereich ist durch

markierte Pfähle kenntlich gemacht. Er erstreckt sich vom Strandaufgang Nordbad am Café Cornelius bis zum Strandaufgang Weiße Düne, der westlich des Badebereichs der Weißen Düne auf den Strand mündet. In den jeweils angrenzenden Badebereichen ist das Kitesurfen damit logischerweise untersagt. Für Anfänger oder Fortgeschrittene, die das Kitesurfen erlernen oder ihre Technik verbessern wollen, gibt es die Möglichkeit sich bei der »Happy Surfschule« anzumelden. Diese Surfschule darf an der Wattseite in einer sogenannten Schulungszone Kurse abhalten.

Happy Surfschule, Am Hafen 17, Tel.: 648, www.surfschule-norderney.de (siehe auch **Windsurfen**).

Der Treffpunkt bei Sonnenuntergang

Werberad der Norderneyer Brauerei

Klima & Reisezeit

Norderney hat ein von der Nordsee geprägtes Klima. Im Sommer ist es wegen des ausgleichenden Meers kühler und im Winter wärmer als im übrigen Deutschland. Die durchschnittlichen Tagestemperaturen liegen im Laufe des Jahres zwischen 3 und knapp 20°C, in der Nacht zwischen knapp unter 0 und fast 15°C. Die meisten Sonnentage erlebt man zwischen April und August. Der wärmste Monat ist der August, sowohl was die Luft- als auch was die Wassertemperatur angeht, der kälteste der Februar. Niederschläge kennt jeder Monat, weil Norderney in der Westwinddrift liegt. Die wenigsten Niederschläge in mm gibt es im Schnitt zwischen Februar und Mai, die meisten im November, Juli und August. Die Zahl der Regentage ist am höchsten zwischen Oktober und Januar. Die Wassertemperatur ist im August mit fast 19°C am wärmsten und im Februar mit gut 4°C am kältesten. Über den Daumen gepeilt hat das Wasser während des Jahres immer ungefähr die Temperatur wie die für den betreffenden Monat ermittelte Durchschnittstemperatur, sodass beim traditionellen Anbaden im Januar die Luft am Strand etwa so kalt ist wie das Wasser. Die aktuellen Wettervorhersagen erfährt man über www.dwd.de unter Norderney.

Die beste **Reisezeit** hängt von den persönlichen Vorlieben ab, denn mittlerweile gehört bei manchen Besuchern der Spaziergang am Strand bei Wind und Wetter im Winter genauso zu den möglichen Anlässen, nach Norderney zu kommen, wie das Baden im Meer unter sommerlicher Sonne. Trotzdem gibt es für bestimmte Unternehmungen eine Saison, wie zum Beispiel für einige Wassersportarten. Auch darüber bekommt man Auskunft unter www.norderney.de.

Kneipen (Auswahl)

Die Kneipenszene ist auf der Insel wie überall in einem ständigen Wechsel begriffen. Kaum hat man die Schließung der Musikkneipe Möpken verdaut, macht auch Whiskyplaza dicht. Die Kneipen werden alphabetisch und nicht nach einer Bewertungsreihenfolge aufgeführt:

Atelier Art & Bar: Unkonventionelle Bar im gläsernen Foyer des Kurtheaters mit lockerem internationalen Flair. Es werden nur Getränke ausgeschenkt, was den Gedankenfluss nicht hemmen muss. Am Kurtheater 2, tägl. 18–1 Uhr

Beach-Club: Discobar, angeblich wie in den 1980ern, nur mit aktueller Musik. Einfach mal ausprobieren. Strandstr. 2, Tel.: 934930, tägl. 22–6 Uhr, außer Mo, in der Nebensaison nur Fr–So

Bistro Börse: Zentrales kleines Lokal, das sich sowohl zum Essen, zum gemütlichen Kaffee als auch zum Klönschnack mit einem Absackergetränk eignet. Poststr. 8, Tel.: 575, tägl. 11–24 Uhr

Brauhalle: Ausschank mit Sitzgelegenheit an der Norderneyer Brauerei, die pro Woche rund 1.000 Liter Bier in drei Sorten braut. Ideal für jemanden, der auch tagsüber ein Bierchen im Freien genießen möchte. Im Gewerbegelände 18, tägl. 12–18 Uhr

Brauhaus: Neben der Weststrandbar ist das alte Brauhaus die andere Dependance der Norderneyer Brauerei im zentralen Stadtgebiet, die zu einem guten Bier einlädt. Reservieren kann man nicht, darf sich aber durchaus irgendwo an einen Tisch dazusetzen und neue Bekanntschaften schließen. Damenpfad 5, Tel.: 935087, So–Do 16–23, Fr und Sa 16–24 Uhr

Fischerkate: Gemütliche Musikkneipe zum Genießen und Klönen im historischen, aber sehr modernen Hotel König. Bülowallee 8, Tel.: 8010, tägl. 11–3 Uhr

Freddy's Kleine Kneipe/Kö-pi: Seit über einem Vierteljahrhundert gibt es das Lokal schon. Für Fans des BVB ist es die Fanclubheimat auf der Insel. Fußballgucken gehört dazu, sowieso. Friedrichstr. 14, Tel.: 83706, tägl. 16–24 Uhr

Goode Wind: Sehr beliebte Cocktailkneipe ohne Schnickschnack, aber mit 25 Whiskysorten und besten Cocktails – und das zählt. Gartenstr. 58a, Tel.: 3262, tägl. 17–1 Uhr

Haifischbar: Urig eingerichtete Raucherkneipe. Osterstr. 6, Tel.: 934799, tägl. 18–3 Uhr

Milchbar: Der Rundbau mit meerseitiger Terrasse ist Kult, und zwar vor allem wenn ein spektakulärer Sonnenuntergang ansteht. Da leuchtet der Aperol Spritz noch mal so schön, auch wenn man ihn sich an einer der zwei Theken selbst holen muss. Damenpfad 33, Tel.: 927344, tägl. 11–23 Uhr

Surfcafé: Das alternative Kultcafé mit Blick auf Meer und Kitesurfer. Es gibt guten Kaffee, gesunde Speisen (auch gute Burger) und einen Hauch Melancholie, wenn man an seine Anfänge denkt. Am Januskopf 9, Tel.: 935750, tägl. 9–23 Uhr

Tante Jens – King's Club: Bei Tante Jens ist Travestie Trumpf, aber auch jedes andere unterhaltsame Vergnügen. Osterstr. 6, Tel.: 4673380, So, Di, Mi 20–1, Do, Fr 20–3, Sa 20–2 Uhr

Weststrandbar: Zum Dritten! Die Bar der Norderneyer Brauerei am Meer. Auch hier ist ihr selbstgebrautes Bier der Star. Am Weststrand, Tel.: 935087, tägl. 12–21 Uhr

Krankenhaus

Das **Krankenhaus Norderney** (Lippestr. 9–11, Tel.: 04932-8050, www.krankenhaus-norderney.de,) ist aus der Verbindung der Allergie- und Hautklinik mit dem städtischen Dr.-von-Halem-Krankenhaus hervorgegangen und gilt als Hospital für die Grund- und Regelversorgung auf der Insel für Einheimische und für Badegäste. Das über 168 Krankenbetten verfügende Krankenhaus hat schwerpunktmäßig drei medizinische Abteilungen: eine für die Chirurgie, eine für die innere Medizin und eine für die Dermatologie. Angeschlossen ist ein Dialyse- und Nierenzentrum.

KfH-Nierenzentrum im Krankenhaus Norderney, Tel.: 1911200, www.kfh.de/nierenzentrum/norderney

Kurbeitrag

Siehe **NorderneyCard**!

Kutschfahrten

Für eine Kutschfahrt am Strand, eine Stadttour oder vielleicht eine Hochzeitsfahrt bieten Ulf Holler und Carola de Vries (und ihre Pferde) ihre Dienste an. Zur Hochzeitsfahrt lassen sie auf Wunsch sogar weiße Tauben aufsteigen.

Kutschfahrten Norderney, Im Gewerbegelände 52, Mobil: 0151-64408979

Malschulen

Wer nicht gern alleine zeichnet oder malt, kann sich zu einem Kurs bei **Kreativital** anmelden. Es genügt eine SMS an 0173-7553965 oder über www.kreativital.de/kontakt. Weiterhelfen kann auch der **Kunst- und Literaturverein**, Kaiserstr. 12, Tel.: 81913

Minigolf

Der angesagte Minigolfplatz liegt etwas erhöht an einer Düne am Nordstrand und man überblickt das Meer. Am Januskopf, Tel.: 2858, www.minigolf-am-januskopf.business.site

Museen

Die Museen der Insel sind in den **Rundgängen** aufgeführt.

NorderneyCard

Ein Staatsbad wie Norderney ist berechtigt, von den Tages- und Übernachtungsgästen einen Gäste- oder

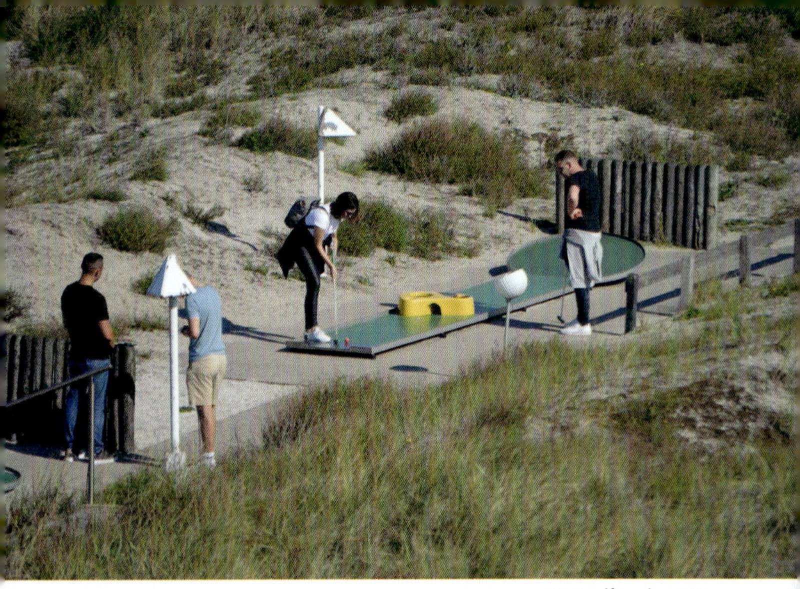

Minigolf in den Dünen

Kurbeitrag zu erheben, um damit den Sonderaufwand, der zum Beispiel für Kurkonzerte, die Rettungsaufsicht an den Stränden und dergleichen mehr anfällt, finanzieren zu können. Man kann die NorderneyCard zu Hause anfordern oder man erhält sie am Bahn- oder Fährterminal in Norddeich, wenn man den Fährbetrag bezahlt. Die Karte sollte man immer bei sich haben, zumal man mit ihr nicht nur freien Zugang zu den Stränden hat, sondern auch eine ganze Reihe von kostenfreien oder verbilligten Angeboten wahrnehmen kann. Der Tagessatz für einen Erwachsenen beträgt 4 Euro, für einen Jugendlichen zwischen 14 und 17 Jahren die Hälfte. Wer länger als vier Wochen bleibt, zahlt 120 Euro (alle Angaben für 2021). Es gibt für Familien, Schulklassen, Menschen mit Behinderung und Begleitpersonen Ermäßigungen und Befreiungen. Weitere Informationen gibt es bei der Tourist-Information im **Conversationshaus**, Am Kurplatz 1, Tel.: 04932-891-900, www.norderney.de.

Notrufnummern

Die allgemeine Notrufnummer für den **Rettungsdienst** in Europa gilt auch für Norderney. Es ist die rund um die Uhr erreichbare Nummer **112**, die von jedem (Mobil-)Telefon aus kostenlos ist. Wer **polizeiliche Hilfe** braucht, wähle die **110**.

Der bundesweite **Giftnotruf** ist unter der Nummer **0228-19240**, der **Rettungskreuzer** unter **04932-2446** und die **Seenotrettung** unter **0421-536870** erreichbar.

Für den Fall, dass eine EC- oder eine Kreditkarte abhanden gekommen ist und gesperrt werden soll, rufe man die **Sperr-Notnummer 116116** an.

Polizei

Die Polizeistation auf Norderney ist das **Polizeirevier** in der Knyphausenstr. 7, Tel.: 92980.

Post

Die Post befindet sich in der HS2-Passage des umgebauten alten Hauses Schiffahrt in der Bülowallee 2. Mo–Sa 9–13 und Mo, Di, Do, Fr 14.30–16.30 Uhr

Radio Nordseewelle

Radio Nordseewelle ist der Nachfolger einer Reihe von Versuchen, auf der Insel ein unabhängiges Rundfunkprogramm auszustrahlen. Die Versuche begannen 1986 mit einem Piratensender, wurden fortgeführt mit dem legitimierten Sturmwellensender Radio SWS, um schließlich in dem heute für ganz Ostfriesland sendenden privaten Radio Nordseewelle mit Zentrum in Norden aufzugehen. Radio Nordseewelle sendet von Norderney auf den UKW-Frequenzen 88,2 und 104,0 MHz, ist aber auch auf Digital- und Webradios und mit einer kostenlosen App übers Smartphone zu empfangen. Näheres unter www.radio-nordseewelle.de/empfang.

Rathaus & Stadtverwaltung

Rathaus, Am Kurplatz 3, Tel.: 9200, www.stadt-norderney.de, Mo–Fr 8.30–12.30, Di, Do zusätzlich 15–16 Uhr

Rehabilitationskliniken

Auf der Insel gibt es mehrere Rehabilitationskliniken und -einrichtungen, die auf bestimmte Zielgruppen und Krankheitsbilder spezialisiert sind.

Weitgefächert ist das Angebot der Caritas, das als Gesundheitszentrum für Familien über die Fachklinik **Maria am Meer** und über weitere Häuser und Einrichtungen verfügt. Darunter sind Vorsorge- und Reha-Einrichtungen für Mütter mit Kind, für Väter mit Kind und für Frauen. Außerdem gibt es Erholungshäuser für Senioren und Menschen mit und ohne Behinderungen. Einen ausführlichen Überblick und die wesentlichen Ansprechpersonen und -stellen finden sich unter www.caritas-norderney.de.

Die **Seeklinik Norderney** (Benekestr. 27, Tel.: 8990, www.seeklinik-norderney.de) ist ein Zentrum für die Kinder- und Jugendlichenrehabilitation, das auf vier medizinische Schwerpunkte spezialisiert ist: Hautkrankheiten, Atemwegserkrankungen, allergische Erkrankungen und Adipositas.

Die **Klinik Norderney der Deutschen Rentenversicherung Westfalen** (Kaiserstr. 26, Tel.: 8920, www.norderney.deutsche-rentenversicherung-reha-zentren.de) wurde 1961 als Sanatorium eröffnet und legt heute den Schwerpunkt auf Atemwegserkrankungen, Hautkrankheiten und Schlafstörungen.

Darüber hinaus gibt es noch das **Kurzentrum Norderney** (Benekestr. 26, Tel.: 9310, www.aw-kur.de/kurzentrum-norderney) und ein **Kinderkurheim** (Marienstr. 16, Tel.: 91140, www.hochsauerlandkreis.de/kinderkurheim).

Reiten

Auf Norderney gibt es rund 28 km ausgewiesene Reitwege durch die Dünen und über den Strand. Man kann sich bei einer Reitschule anmelden, um sich mit einem Leihpferd auf den Weg zu machen oder man bringt sein eigenes Pferd mit, denn auf der Insel gibt es Unterstellmöglichkeiten. Entsprechende Kontakte sind die **Reitschule Junkmann** (Lippestr. 23, , Tel.: 92410, www.reitschule-junkmann.de) und der **Reiterhof Harms** (Am Leuchtturm 11, Tel.: 2108, www.reiterhof-harms.de). Die Fähre nimmt auch Wagen mit Pferdeanhängern mit, in denen die Pferde beim Transport verbleiben können. Näheres dazu auf der Homepage der Frisia-Reederei (www.reederei-frisia.de/tarife/norderney).

Im September finden alljährlich sowohl die Jagdreiterwoche mit Hunderten von Teilnehmern als auch ein traditionelles Reit- und Springturnier mit bis 1.500 Starts auf verschiedenen Turnierplätzen an der Meierei und am Strand statt. Reitsportbegeisterte und Fachpublikum gleichermaßen lassen sich von den Darbietungen mitreißen.

Restaurants (Auswahl)

Die folgende kleine Auswahl beginnt mit den Ausflugslokalen, von denen der **Strandpieper** an der Oase hinter dem FKK-Strand das jüngste und schon eines der beliebtesten mit Aussicht auf Kultcharakter ist. Sein Clou ist ein dreigängiges Überraschungsmenü. Diesen Status hat das Restaurant **Weisse Düne** längst erreicht. Auf regionale Produkte und deftige Speisen setzt **Meine Meierei** am Ortssaum. Auch ihre Friesentorte und ihr Filterkaffee können sich schmecken lassen. Etwas rustikaler geht es in der **Düne 13** am Leuchtturm zu. Schnitzel oder Fisch heißt die Parole. Ganz in der Nähe glänzt das **Flughafenrestaurant** mit einer Auswahl an Fischgerichten und frischen Nordseekrabben. Den Blick aufs Wattenmeer und den gelegentlichen Flugverkehr gibt es obendrein. Am Yachthafen präsentiert sich mit dem **neys PLACE** ein Restaurant der Extraklasse. Die bodenständigen und zugleich modern zubereiteten Speisen lassen sich besonders schön im Wintergarten genießen. Seit 2020 befindet sich das Lokal **Bambusgarten** im Gebäude des ehemaligen Hauses »Schiffahrt«, jetzt HS2-Passage. Das Lokal für asiatische Spezialitäten bereichert die Küchenpalette um einen sehr bekömmlichen Hauch Internationalität.

Norderney ist auch eine Reitsportinsel

Rundflüge

Wer Norderney und die Umgebung gerne mal von oben betrachten möchte, kann sich zu einem Rundflug vom Flugplatz der Insel aus mit den Inselfliegern unter Tel.: 8689991 anmelden. Die Preise für 1–2 Personen betragen je nach Flugdauer zwischen 150 (für 15 Minuten) bis 420 Euro (eine Stunde). Um Norderney einmal zu umrunden, braucht der Flieger etwa 15 Minuten, für alle ostfriesischen Inseln rund eine Stunde.

Schiffsausflüge

Von Norderney aus kann man Schiffsausflüge als Tagestouren zu den **See-**

hundbänken und zu den vier autofreien Inseln Juist, Baltrum, Langeoog und Spiekeroog unternehmen. Organisiert werden sie von der Gesellschaft **Inseltouristik Cassen-Tours**, Am Hafen 1, Tel.: 9130, www.inseltouristik.de und www.buchung.reederei-frisia.de.

Schwimmbad

Siehe **Badehaus**!

Segeln

Wer gerne das Segeln erlernen möchte, wende sich an die **Segelschule Norderney** (Am Hafen 17, Mobil: 0175-7663737, www.segelschule-norderney.de). Sie bietet Segelkurse an, nimmt Prüfungen ab und gibt entsprechend Bootsführerscheine aus. Auch wer einfach nur einmal einen Segeltörn mitmachen möchte, ist herzlich willkommen. Wer die Voraussetzungen mitbringt, kann auch ein Segelboot oder sogar ein Motorboot mieten.

Für Kinder ab sieben Jahren gibt es die Möglichkeit Segeln in der **Kinder-Segelschule Norderney** (Am Hansendamm 1, Mobil: 01578-5115922, www.segelschule-norderney.de/kindersegeln) zu erlernen. Das Übungsterrain ist die geschützte Bucht östlich des Jachthafens. Wer es erst einmal ausprobieren will, kann an einem Schnupperkurs teilnehmen.

Traditionssegler

Seehundbänke

Die Seehundbänke auf Norderney gehören zum Nationalpark Niedersächsisches Wattenmeer. Während der Sommermonate bringen die Seehündinnen ihre Jungen zur Welt, die man mit etwas Glück sehen kann. Vom östlichen Ende der Insel lassen sich die Seehunde und ihre Jungtiere am besten beobachten. Trotzdem sollte man unbedingt auf den markierten Wegen bleiben, um die Ruheplätze der Tiere nicht zu stören.

Segway, Scuddy oder Scrooser

Eine Tour der besonderen Art bietet von April bis Oktober der Veranstalter LandTours an: die Erkundung von Teilen der Insel in einer kleinen Gruppe mit einem Segway. Obwohl die Firma Segway die Produktion der selbstbalancierenden E-Roller im Sommer 2020 eingestellt hat, sind die Segway-Touren auf Norderney für lange Zeit gesichert. LandTours veranstaltet neben einem solchen etwa dreistündigen Ausflug auch Segway-Polo-Spiele. Außerdem gibt es das Angebot, mit Scuddy und Scrooser auf Norderney unterwegs zu sein.

LandTours, Am Nordstrand 3, Mobil: 0171-1913445, www.landtours.de. Von November bis März startet die Segway-Tour am Kurplatz/Mittelstraße.

(Senioren-)Aktivpfad

Im neuen Kurpark am Gondelteich besteht die Möglichkeit, auf einem Aktivpfad an einer ganze Palette von unterschiedlichsten Übungsgeräten seinen Körper auf Vordermann zu bringen. Wer mehr auf Fühlen und Spüren steht, kann dort zusätzlich auf einem Sinnespfad wandeln.

Skaten

Skaten ist, obwohl es unter den Sohlen kitzelt, auf der Promenade nicht erlaubt. Doch das muss einen Skater nicht verdrießen, denn die gut asphaltierten Radwege, die beispielsweise Richtung Leuchtturm führen, sind einen Versuch wert. Außerdem gibt es einen Skatepark mit Halfpipe und anderen Herausforderungen am Jugendzentrum Kap Hoorn hinter dem Gondelteich. Er ist rund um die Uhr zugänglich.

Sparen im Urlaub

Abgesehen von den kostenfreien oder ermäßigten Möglichkeiten, die die obligatorische **NorderneyCard** bietet, gibt es noch ein InselTicket, das Geld sparen helfen soll. Man erwirbt rund 20 Gutscheine und erhält dafür Rabatte bei den an der Aktion beteiligten Lokalitäten, Läden und Freizeitanbietern. Wer alles ausreizt, zahlt um die 250 Euro weniger als der normale Kunde. Das InselTicket ist bei der **Touristinfo im Conversationshaus** erhältlich.

Spielbank

Die Spielbank im historischen Kurhaus ist eine Automatenspielbank, d.h. dass selbst das Roulette ohne Croupiers mit dem großen Rechen und noch größerem Überblick auskommt. Man ist mit den gut 80 einarmigen Banditen und anderen Glücksspielautomaten, dem Multiroulette und seinem Pech, zuweilen auch seinem Glück, vermutlich ziemlich allein. Die eigene Identität muss man mit Reisepass oder Personalausweis beim Betreten belegen können.

Kurhaus, Tel.: 91100, Öffnungszeiten: April–Oktober tägl. 11–00.30 und November–März 14–22.30 Uhr. Die Tageskarte kostet 3 Euro (Angabe für 2021)

Stadtführungen

Jeden Montag um 10.30 und jeden Mittwoch um 15 Uhr während der Hauptsaison findet eine bis zu zweieinhalbstündige Stadtführung unter dem Titel »Gestern – Heute – Morgen« statt. Man trifft sich an der Treppe des Conversationshauses und bringe seine NorderneyCard mit. Die Führungen zeigen auf, was dem individuellen Entdeckergeist entgangen sein mag. Sie öffnen auch Türen, die sonst verschlossen bleiben.

Strände

Einer der schönsten Meeresstrände Deutschlands ist der Strand an der Weißen Düne. Aber auch die übrigen Strände haben ihre Vorzüge. So haben der Westbadestrand und der Nordbadestrand etwas Praktisches, denn sie sind vom Ort aus leicht zu erreichen und haben entsprechende Lokalitäten, die Strandpromenade oder Spielplätze in der Nähe. Der FKK-Strand wiederum besticht durch seine Abgeschiedenheit, worin er dem Ostbadestrand an der Weißen Düne gleicht.

Strandkorbvermietung

Was 1882 in Warnemünde mit einer Einzelanfertigung für eine von Rheuma geplagten Dame begann, ist heute an deutschen und vielen anderen Küsten zahlreich durchgesetzter Standard: der Strandkorb, der gegen Wind, Wetter und auch gegen zu heftige Sonneneinwirkung schützt.

Auf Norderney können auf der Kaiserwiese und am West-, Nord-, Ost- und FKK-Badestrand vor Ort Strandkörbe gemietet werden. Wer sicher gehen will, bucht schon 14 Tage im Voraus qua Internet unter www.noderney.de einen Strandkorb für den gewünschten Zeitraum.

Ein besonderes Erlebnis für eine Nacht ermöglicht die Anmietung eines Schlafstrandkorbs am Ostbadestrand Weiße Düne (siehe ebenfalls unter www.norderney.de). Dieser besondere und 2016 prämierte Strandkorb ist 1,3 m breit und 2,4 m lang und sollte damit zwei Personen genügend Platz für eine naturnahe Nacht bieten.

Die Saison für dieses Erlebnis beginnt Mitte/Ende April bis Anfang/Mitte September. Gewarnt wird allerdings vor einem nächtlichen Bad im Meer, denn es kann um diese Zeit nicht damit gerechnet werden, dass im Notfall jemand zur Stelle ist, um Rettungsmaßnahmen durchzuführen.

Surfen

Siehe **Windsurfen**!

Tanzen gehen

Auf Norderney kann man natürlich auch die Nacht zum Tag machen. Die entsprechenden Klubs sind frühestens ab 21 Uhr geöffnet, aber richtig was los ist nicht vor 23 Uhr. In diesen Bars und Clubs wird die Nacht zum Tag:
Beach Club (Strandstr. 2, Tel.: 1006), **WunderBar** (Kirchstr. 4) und **Pasadena** (Kirchstr. 17).

Taxi

Auf der Insel gibt es jeweils einen Taxistand am Hafen, am Busbahnhof westlich des aktuellen Friedhofs und am Rosengarten in der Janusstraße. Die Taxen des Taxiunternehmens **Gilles & Göke** (Am Busbahnhof 7) sind unter Tel.: 2345 erreichbar.

Tennis

Der **TUS Norderney** verfügt über Tennisplätze, die auch von Gästen bei rechtzeitiger Voranmeldung gebucht werden können. Dies geschieht entweder analog an einem Werktag zwischen 9 und 11 Uhr in der Geschäftsstelle des Vereins im A&E Korus-Haus am Eingang des Sportplatzes (An der Mühle 13, Tel.: 991180) oder über das Internet. Dazu sollte man beim ersten Mal seine Kontodaten parat haben. Auf der Website des Vereins (www.tus-norderney.de) gibt es einen Hinweis »Tennisplatz buchen« bzw. Book & Play, über den man bei einer Vorlaufzeit von sechs Stunden bis zu 14 Tagen einen Platz vorbestellen kann.

Thalasso

Norderney gilt als die Insel der vielfältigen Thalassotherapien. Schon der frühe Ausgangspunkt, die Insel zum Heilbad zu erklären, wurde mit der Wirksamkeit des Meerwassers und der Seeluft auf den menschlichen Organismus begründet. Allein der Aufenthalt im Reizklima der Insel und das Baden im Meer gelten als heilsam und können als rudimentäre Thalassotherapie aufgefasst werden. Das **bade:haus** ist wohl das bekannteste Thalassozentrum Norderneys. Es hat im Übrigen auch Apartments im Angebot, sodass man nicht einmal das Haus verlassen muss, um ins Wellenbad und zu den jeweiligen Anwendungen zu gelangen.

Das **Thalasso-Hotel Nordseehaus** (Bülowallee 6, Tel.: 030-800 929292, www.michelshotels.de), das in der historischen Sommerresidenz des hannoverschen Königs Georg V. auf dem neuesten Stand des Komforts eingerichtet ist, kann als weiteres besonderes Juwel der Thalassotherapie und -wellness gelten. Hier kann man sich erholen und revitalisieren, sei es im Fitnessraum, in der Sauna, sei es bei kosmetischen Anwendungen mit Algenpräparaten und Schlick oder bei den Aktivitäten an der frischen Seeluft.

Um jedem Besucher der Insel ein an der Thalassotheorie orientiertes Naturerlebnis gratis zu ermöglichen, wurden drei **Thalasso-Plattformen** an exponierten Stellen auf der Insel eingerichtet. Die am Nordstrand trägt den vom »Volk« geprägten Namen Thalasso-Galgen, wohl auch wegen ihrer besonderen Form und ihrer anfänglichen landschaftsästhetischen Umstrittenheit. Zwei weitere befinden sich am Zuckerpad und am Dünensender. Diese sind wegen ihrer Sitzgelegenheiten und der guten Zugänglichkeit besonders gelungen. Hierhin nimmt man sich gern eine Decke, ein Buch oder ein Fernglas mit, um zu lesen oder zu entspannen.

Tierärzte

Dr. Karl-Ludwig Solaro und Dr. Katrin Solaro, Fischerstr. 7, Tel.: 82218, Fachärzte für Pferde und Kleintierpraxis

Wandern

Wer nicht gerade das Watt erkunden möchte, braucht für Spaziergänge und Wanderungen auf der Insel keinen Führer. Eine einfache Inselkarte, egal ob analog oder digital, eventuell mit einer Vergrößerung des unmittelbaren Stadtbereichs und der Angabe der Straßennamen genügt.

Für Wanderungen jenseits der Inselmitte nach Osten empfiehlt sich, genügend Getränke und Verpflegung dabeizuhaben, denn dort gibt es keine Speiselokale oder Imbissstände mehr. Ansonsten sollte man mit einer der jeweiligen Jahreszeit angemessenen Kleidung ausgestattet sein, wobei besonders auf einen guten Sonnen-, Wind- und Regenschutz zu achten ist.

Es lohnt sich auch, die in den Karten vermerkten Aussichtspunkte anzusteuern und zu erklimmen, vor allem auch, wenn man ein Fernglas dabei hat. Man halte sich an die Naturschutzbestimmungen, was mit einem Fernglas insofern erleichtert wird, als man auf diese Weise den Tieren nicht zu nahe auf die Pelle zu rücken braucht.

Wattwandern

Zunächst sollte man zu seiner eigenen Sicherheit und um das Naturerbe zu schonen, den allgemeinen Hinweis befolgen und keine Wattwanderung ohne einen erfahrenen Wattführer unternehmen.

Oben: Trockenübungen am Strand
Unten: Windsurfer auf Norderney

Die erste Anlaufstation, um an einer Wattwanderung teilzunehmen, ist sicher das **Wattenmeer-Besucherzentrum** (Am Hafen 2, Tel.: 2001, www.wattwelten.de,). Das Zentrum veranstaltet eineinhalb bis zweistündige Wanderungen, die sich an unterschiedlichsten Interessens- und Altersgruppen orientieren. Besonderes Augenmerk wird auf das Kennenlernen der Besonderheiten von Fauna und Flora und dem einmaligen Wesen der Wattlandschaft gelegt.

Doch es gibt auch private Angebote von ausgewiesenen Wattführern. Einer von ihnen ist der staatlich geprüfte Wattführer und gebürtige Norderneyer **Eduard Fokken** (Mainstr. 20, Tel.: 5219878, Anruf möglichst zwischen 18 und 20 Uhr, Mobil: 0170-4313709, www.wattwanderung-ney.de). Er zeigt vorzugsweise Schulklassen auf einem bis zu zweistündigen Ausflug über Salzwiesen und durchs schlickige Watt, welche unerwarteten Lebensformen dort zuhause sind. Für Gruppen auf Betriebsausflug, für Vereine, aber auch für Familien mit Kindern über acht, hat er auf Wunsch auch eine sechs Kilometer lange Wanderung vom Festland auf die Insel durchs bei Ebbe begehbare Wattenmeer im Programm.

Windsurfen

Wer sehen will, welche Herausforderung Windsurfen auf Norderney selbst für Profis sein kann, begebe sich zwei Stunden bevor das auflaufende Wasser seinen höchsten Stand erreicht hat zum Januskopf an der Nordseite, wenn ein starker Nordwest die Wellen aufpeitscht. Hier hat der gebürtige Norderneyer, Bernd Flessner, die ersten Erfahrungen mit den beiden essentiellen Elementen des Surfsports gesammelt, bevor er im Laufe seiner erfolgreichen Sportkarriere über zwei Dutzend deutsche Meisterschaften erringen konnte. Wer sich jedoch erst einmal die Grundfertigkeiten des Sports aneignen und weniger hektisch loslegen möchte, findet an der Wattseite der Insel in der Bucht neben dem Jachthafen den perfekten Einstieg. Vielleicht empfiehlt sich dazu auch ein Kurs in der **Happy Surfschule** (Am Hafen 17, Tel.: 648, www.surfschule-norderney.de). Im Angebot sind auch Kurse in weiteren angesagten Sportarten, wie Stehpaddeln (auch SUP genannt), Wellenreiten, Kajak und Wingsurfen.

Zeitungen

An den Kiosken der Insel bekommt man die großen überregionalen Zeitungen und die kleineren Blätter der näheren Umgebung vom Festland. Auf Norderney selbst kommen zudem lokale Inselpostillen auf den Tisch, die die Badegäste (und die Einwohner) mit allem, was sie wissen sollen, vertraut machen. Die »amtliche« Tageszeitung der Insel ist die **Norderneyer Badezeitung**, die werktäglich, einschließlich samstags, erscheint. Sie berichtet seit 1868, was auf der Insel und sonstwo von Bedeutung ist oder in historischen Rückblicken war. Auf vier Seiten täglich außer sonntags informiert der kostenlose **Norderneyer Morgen** seine Klientel vom mysteriösen Schädelfund am Strand bis zum sportlichen Treffen der Kaiwerfer (ja, die gibt es hier!) über die Vielseitigkeit des Inselgeschehens. Alles kann man auch online abrufen. Der »Norderneyer Morgen« gibt auch noch einen kostenlosen Veranstaltungskalender namens NoMo-Szene heraus, den man bei Interesse schon mal im Conversationshaus an sich nehmen sollte. Für diejenigen, die es haptisch und bunt mögen, gibt es seit über zehn Jahren in unregelmäßigen Abständen ein Hochglanzmagazin mit dem Titel »**ahoi! Norderney**«. Neben jeder Menge Werbung, abgefahrenem Layout und Styling, starken Fotos und Insider-Artikeln enthält es auch eine ganze Reihe nützlicher Tipps und Adressen.

Einen **Norderney-Blog** (www.inselbloggernorderney.com) gibt es übrigens auch. Jedes Jahr wird jemand eigens dazu auserkoren, die Insel und ihre vielen Facetten aus der Sicht der/s jeweils für 365 Tage ausgewählten Zugereisten der übrigen Welt vorzustellen und diese Erfahrungen auch in einem Instagram-Profil zu teilen.

Zimmervermittlungen (Auswahl)

Die zentrale Zimmervermittlung befindet sich im Conversationshaus.

Zimmervermittlung der Staatsbad Norderney AG, Am Kurplatz 1, Tel. 891300, www.norderney.de

Daneben gibt es noch einige private Vermittlungen, wie beispielsweise der Vermietservice **Anke Onkes-Fritsching** (Herrenpfad 11, Tel.: 92910, www.onkes-fritsching.de), **Myhome-Norderney** (Richthofenstr. 1c, Tel.: 923410, www.myhome-norderney.de), **Zimmerservice Norderney** (Jann-Berghaus-Str. 59, Tel.: 3371, www.norderney-zs.de) und **Online Quartiervermittlung Norderney** (Schmiedestr. 12, Tel.: 1488, www.norderney-adressen.de).

Zum Schluss

Zum Schluss noch ein Zitat aus dem historischen Kriminalroman von Elsa Dix, »Die Tote in der Sommerfrische«:

»Soll ich etwa nach Sylt in die Provinz fahren? Norderney ist mondän, hierher kommt nur, wer es sich leisten kann. Von Ausnahmen abgesehen.«

Ob Sie nun zu denen gehören, die es sich leisten können oder zu den Ausnahmen, der Autor wünscht Ihnen jedenfalls einen erlebnisreichen und erholsamen Aufenthalt auf Norderney!

Index

A

B

C

D

E

F

G

H

J

K

L

M

N

O

W

Z

Die Deutsche Bibliothek verzeichnet diese Publikation in der Deutschen Nationalbibliografie; detaillierte bibliografische Daten sind im Internet unter http://dnb.ddb.de abrufbar.

Bildnachweis:
Siegfried Berndt: 14 u.; Katja Brandt/Watt Welten: 15, 64; Anja C./Pixabay: 2; Atelier Jacobi: 112; Frauke Echte: 42; Edition Lichtblick/Michael Schildmann: 61u.; Daniela Frankenstein: 11; Esi Grünhagen/Pixabay: 118/119; Hero Lang: 4/5; Jürgen Osbahr: 127; Stefan Pählz/PicSteP: 117; Willi Rolfes: 14, 17, 23, 29, 110; Saarlandmuseum Saarbrücken: 115; SKN-Bildarchiv/Martin Stromann: 106; Joachim Trettin/Watt Welten: 65; Verlagsarchiv: 33, 55, 86, 87, 89, 91, 92, 94, 95, 96, 97, 102, 108, 111, 116; Arthur Weston Photography: 113; alle übrigen Abbildungen: Bernd F. Gruschwitz

Titelabbildung: Bernd F. Gruschwitz
Kartografie: Elsner & Schichor, Büro für Karten und Grafik, Karlsruhe

Dieser Reiseführer wurde nach bestem Wissen zusammengestellt. Im Sinne des Produkthaftungsgesetzes weisen Autoren und Verlag darauf hin, dass inhaltliche Fehler und Änderungen nach Drucklegung dennoch nicht auszuschließen sind. Aus diesem Grund übernehmen Verlag und Autoren keine Verantwortung und Haftung, alle Angaben erfolgen ohne Gewähr.

Aufgrund der Corona-Pandemie sind kurzfristige Änderungen in Bezug auf die Infrastruktur, Cafés, Restaurants, Bars oder Hotels nicht auszuschließen. Änderungs- und Verbesserungsvorschläge seitens der Leser nimmt der Verlag gerne entgegen.
Aus Gründen der besseren Lesbarkeit wird im Text verallgemeinernd das generische Maskulinum verwendet. Diese Formulierungen umfassen gleichermaßen weibliche, männliche und diverse Personen. Alle sind selbstverständlich gleichermaßen angesprochen.

6., komplett erneuerte Auflage 2021

Hohenlohestr. 21 – 28209 Bremen
Tel.: 0421-34843-0 – 0421-348094
info@edition-temmen.de
www.edition-temmen.de

Printed in the EU

ISBN 978-3-8378-3010-1